일본 전통문화의 이해

이시윤 지음

신아사

머리말

한 나라의 뿌리를 알고 현대의 모습을 제대로 이해하기 위해서는 그 나라의 고전만큼 좋은 교재가 없을 것이라는 생각을 요즈음 절실히 해 봅니다. 그러나 우리나라의 고전도 선뜻 다가가기 쉽지 않은 것이 현실인데 하물며 이웃나라 일본의 고전이라니! 라는 생각을 하는 것은 어찌 보면 당연하다 하겠습니다.

하지만 일본의 고전이 있었기에 오늘날의 일본문학이 있듯이 거대한 하나의 흐름에서 보면 일본고전은 현대의 일본문학 나아가서는 일본문화, 일본을 이해하는 지름길이 되지 않을까 생각해 봅니다. 일본의 고전은 일본을 이해하는 뿌리이며 원류가 된다고도 할 수 있겠지요.

이런 관점에서 본 책에서는 '일본의 이해'라는 큰 테두리 안에서 일본을 체계적으로 이해할 수 있는 흐름을 담아내려고 노력했습니다. 또한 이 교재는 일본어능력향상이라는 또 다른 목표가 있기에 일본어원문으로 일본전통문화를 소개하였습니다. 이 책을 학습함에 있어서 조금이라도 쉽게 접근할 수 있도록 모든 한자에 후리가나를 달았고 중요 단어에는 설명을 곁들였습니다. 각 단원마다 독해문제를 통해 학습한 내용을 체크하도록 하였으며 각 단원의 끝에는 혼동하기 쉬운 일본어한자읽기를 테스트하는 항목도 곁들였습니다. 아무쪼록 이 책이 여러분들의 일본어실력과 일본 전통문화 고전문화를 이해하는 좋은 지침서가 될 수 있기를 빌어마지 않습니다.

2020. 09.

저자

목차

제1부

일본의 이해

1과 일본의 탄생

1.1 다카아마하라

はるか昔のことである。ある時、天上である高天原に住んでいる神様たちは下界を見下ろした。下界は生まれたばかりで、海の上を何かがどろどろ、ふわふわしていてまったく固まっていなかった。

高天原の神様たちは下界をどうにかしようと、イザナギノミコトとイザナミノミコトの二人の神様に、天沼矛という大きな矛を与えて、下界をしっかり固め、国造りをするように言った。イザナギノミコトとイザナミノミコトは、天浮橋の上から矛の先でどろどろになっている下界をかき混ぜた。

二神が矛をそうっと引きあげると、ぽたぽたと矛の先から落ちた雫が固まって、一つの島ができあがった。ひとりでに固まったことから、この島は「おのころ島」といわれている。イザナギノミコトとイザナミノミコトは、初めてできたその島へとおりていった。

문형 & 표현

~たばかり 막~하다/~한지 얼마 안 되었다

접속 : た형 + ばかり

· さっきご飯を食べたばかりです。

· 10分前に覚えたばかりの単語を忘れてしまいました。

중요어휘

はるか昔 먼 옛날　　見下ろす 내려다보다　　~たばかり 막~하다

どろどろ 질척질척/흐물흐물　　ふわふわ 둥실둥실　　まったく 전혀

固まる 굳다　　高天原 다카아마하라/일본 신화에 등장하는 천상의 나라. '다카마가하라'라고도 읽음

イザナギノミコト 이자나기노미코토/천신(天神)의 분부로 처음 일본을 다스렸다는 남신. 아마데라스의 아버지

イザナミノミコト 이자나미노미코토/이자나기노미코토의 아내　　矛 창　　しっかり 단단히/꽉

かき混ぜる 뒤섞다　　ぽたぽた 뚝뚝　　雫 물방울

ひとりでに 저절로

독해문제

본문을 읽고 다음 질문에 답하세요.

1. 高天原(たかあまはら)の神様(かみさま)たちは誰(だれ)に国造(くにづく)りをするように言(い)いましたか。

2. ひとりでに固(かた)まった島(しま)の名前(なまえ)は何(なん)ですか。

3. 初(はじ)めてできた島(しま)の名前(なまえ)は何(なん)ですか。

1.2 지상세계

イザナギノミコトとイザナミノミコトは、最初の島「おのころ島」で結婚した。このようにして、淡路島が最初に生まれ、四国や九州などが生まれた。島ができると、イザナギノミコトとイザナミノミコトは島を治める神様たちを生み出した。石や土、海、風、山の神様などを生んだが、火の神様が生まれるとき、イザナミノミコトはその火によって大やけどを負ってしまった。

大やけどを負ってしまったイザナミノミコトは、どんどん弱まり、ついにイザナミノミコトは亡くなってしまった。

嘆き、悲しんだイザナギノミコトは、イザナミノミコトを比婆山に葬った。

イザナミノミコトを失ったイザナギノミコトは、死者の国「黄泉の国」へとイザナミノミコトを迎えに行こうと考えた。

오노고로지마

문형 & 표현

~てしまう　~해 버리다

접속 : て형 + しまう

- ケーキを食べてしまいました。
- ソファーで寝てしまいました。

중요어휘

治める 다스리다
負ってしまう 입어버리다
嘆く 한탄하다
失う 잃다
迎えに 맞이하러
生み出す 낳다
弱まる 약해지다
悲しむ 슬퍼하다
死者の国「黄泉の国」 죽은 자의 나라 황천국
大やけど 큰 화상
ついに 마침내
葬る 장사지내다

독해문제

본문을 읽고 다음 질문에 답하세요.

1. イザナギノミコトとイザナミノミコトはどこで結婚(けっこん)しましたか。

2. イザナミノミコトが大(おお)やけどを負(お)ってしまったのはいつですか。

3. イザナギノミコトはイザナミノミコトをどこに葬(ほうむ)りましたか。

4. イザナギノミコトがイザナミノミコトを迎(むか)えに行(い)こうと考(かんが)えたのはどこですか。

1.3 저승세계

地の底にある黄泉の国へたどり着いたイザナギノミコトは、扉の奥にいるイザナミノミコトに向かって共に地上へ帰るように、優しく呼びかけた。しかし、イザナミノミコトは、

「どうしてもっと早く来てくれなかったのですか。私は、すでに黄泉の国の食べ物を食べてしまい、地上へはもどれないのです。でも、地上へ帰ってもよいかどうか、黄泉の国の神様に聞いてみます。それまで、私の姿を決してのぞかないでください」

しかし、いくら待ってもイザナミからの返事はないので、イザナギノミコトは、小さな火を持って、イザナミノミコトを探しに行ってしまった。

その時、イザナギノミコトの目に飛び込んできたのは、腐りかけてうじ虫がたくさんたかり、恐ろしい雷神たちがとりついたイザナミノミコトの身体だった。

「のぞかないでと言ったのに、あなたは私に恥をかかせましたね」

醜く変わってしまった自分の姿を見られたイザナミノミコトは、髪の毛を逆立てて激しく怒った。

悪霊たちがイザナミノミコトの命令によって、イザナギノミコトを捕えようと追いかけてきた。イザナギノミコトは必死になって逃げていった。

문형 & 표현

~かける ~하기 시작하다

접속 : ます형 + かける

. 彼は何か言いかけたが、すぐ黙ってしまった。

. それは読みかけの雑誌である。

중요어휘

たどり着く 겨우 다다르다
扉の奥 문 안쪽
向かって 향하여
呼びかけた 소리를 지르다/호소하다
姿 모습
決して 결코
のぞかないでください 들여다보지 마세요
とりつく 달라붙다
恥をかかせる 창피를 당하게 하다
じっと 꼼짝 않고
いくら待っても 아무리 기다려도
返事 대답/답장
探す 찾다
飛び込んできたのは 뛰어 들어온 것은/확 들어온 것은
腐りかける 썩기 시작하다
うじ虫 구더기
たかる 꼬이다
醜い 추하다
逆立てる 곤두세우다
激しく怒る 크게 화를 내다
捕える 잡다
追いかける 뒤쫓아 가다
逃げる 도망치다

독해문제

본문을 읽고 다음 질문에 답하세요.

1. 地(ち)の底(そこ)にある国(くに)の名前(なまえ)は何(なん)ですか。

2. イザナミノミコトが地上(ちじょう)へはもどれない理由(りゆう)は何(なん)ですか。

3. イザナミノミコトはなぜ激(はげ)しく怒(おこ)りましたか。

1.4 이자나기의 목욕

ようやく黄泉の国から戻ることができたイザナギは、けがれた体をきれいに洗った。すると、イザナギの体のけがれからたくさんの神様が生まれた。そして、体がすっかりきれいになったイザナギが、最後に顔を洗ったときのことである。

左の目を洗うとアマテラス。右の目を洗うとツクヨミ。そして鼻を洗うとスサノオが生まれた。

イザナギは、みそぎの最後に生まれた三人の神様の誕生をとても喜び、アマテラスには高天原を、ツクヨミには夜を、スサノオには海をそれぞれ治めるよう告げたのであった。

아마데라스

문형 & 표현

~と　~하자/~하니

접속 : 종지형 + と

- おいしいパンを食べると涙が出た。
- ドアを開けると猫がいた。

중요어휘

けがれる 더러워지다/부정해지다	すっかり 완전히	顔 얼굴
鼻 코	とても喜び 매우 기뻐하여	治めるよう 다스리도록
告げる 고하다		

독해문제

본문을 읽고 다음 질문에 답하세요.

1. 神様(かみさま)はどこから生(う)まれましたか。

2. 鼻(はな)を洗(あら)うとき生(う)まれたのは誰(だれ)ですか。

3. スサノオはどこを治(おさ)めるようになりましたか。

4. 顔(かお)を洗(あら)ったとき生(う)まれた神様(かみさま)は何人(なんにん)ですか。

연습문제

1. 각각의 한자를 바르게 읽은 것을 고르세요

〈 下界 〉
1. けかい　2. けがい　3. げかい　4. げがい

〈 雫 〉
1. しづく　2. しすく　3. しずく　4. しずぐ

〈 結婚 〉
1. けこん　2. けきょん　3. げこん　4. けっこん

〈 死者 〉
1. ししゃ　2. しじゃ　3. じしゃ　4. しいしゃ

〈 扉 〉
1. とばら　2. とぱら　3. とびら　4. どびら

〈 返事 〉
1. へんし　2. へんじ　3. べんじ　4. へんじい

〈 最後 〉
1. さいこ　2. さいこう　3. さいごう　4. さいご

〈 誕生 〉
1. たんじょう　2. だんじょう　3. たんじょうび　4. たんしょう

2과 일본의 천황제도

2.1 천손강림

アマテラスオオミカミは、孫のニニギノミコトに三種の神器を授けた。三種の神器は八咫の鏡·八坂瓊曲玉·草薙剣である。アマテラスオオミカミは、ニニギノミコトに国を治めさせようと、天降るように命じた。

さっそくニニギノミコトが高天原に住む天神を伴って天降ろうとすると、あやしい光を放つ神がいた。

アマテラスオオミカミは不思議に思い、アメノウズメノミコトという女神を遣わしてどうしてそこにいるのかを問わせた。

その神の名はサルタヒコノカミといい、ニニギノミコトが高天原から天降られることを聞き、お迎えにあがったのだと答えた。

そこでニニギノミコトはサルタヒコノカミを先導に、いくえにも重なった雲を押し分け、高千穂の地に天降った。そしてそこに立派な宮殿をお建てになった。

天孫降臨は、皇室の御先祖が高天原から天降り、この国を豊かにそして平和に治められていく様子を語り伝えるものである。

문형 & 표현

お + ます형 + になる ~하시다 [존경표현]

- 先生が手紙をお書きになる。
- 本をお読みになってください。

중요어휘

孫 손자
神器 신기/제사 드릴 때 쓰는 기구
八咫の鏡 야타거울/일본 황실의 세 가지 신기의 하나인 거울
八坂瓊曲玉 야사카니구슬/세 가지 신기 중의 하나인 구슬
草薙剣 구사나기검/세 가지 신기 중의 하나인 검
授ける 주다/하사하다
すばらしい 훌륭한
天降る 강림하다
さっそく 즉시
伴って 데리고
あやしい 수상하다
光を放つ 빛을 발하다
不思議だ 이상하다
遣わす 보내다/파견하다
問わせる 물어보게 하다
先導に 선두로
いくえにも重なった 몇 겹이나 겹쳐진
押し分ける 밀어 헤치다
お建てになった 세우시다
豊かに 풍부하게
様子 모습
語り伝える 이야기로 전하다

독해문제

본문을 읽고 다음 질문에 답하세요.

1. アマテラスオオミカミが孫(まご)のニニギノミコトに授(さず)けたのは何(なん)ですか。

2. ニニギノミコトを迎(むか)えに来(き)たのは誰(だれ)ですか。

3. 立派(りっぱ)な宮殿(きゅうでん)を建(た)てた所(ところ)はどこですか。

4. 皇室(こうしつ)の御先祖(ごせんぞ)はどこから天降(あまくだ)りましたか。

2.2 세 가지 보물

「三種の神器」は、アマテラスオオミカミから天孫降臨する孫のニニギノミコトに与えられたものである。三種の神器は八咫の鏡、八坂瓊曲玉、草薙剣である。これらは皇位の印として、歴代の天皇に受け継がれる。神々の御霊が宿る大切なものであるため、簡単に見たり触れたりすることはできない。皇族ですら見ることができない、貴重なものなのだ。

その所有権は、皇位継承権とともに代々天皇に継がれるが、天皇ですら三種の神器を見ることはできない。

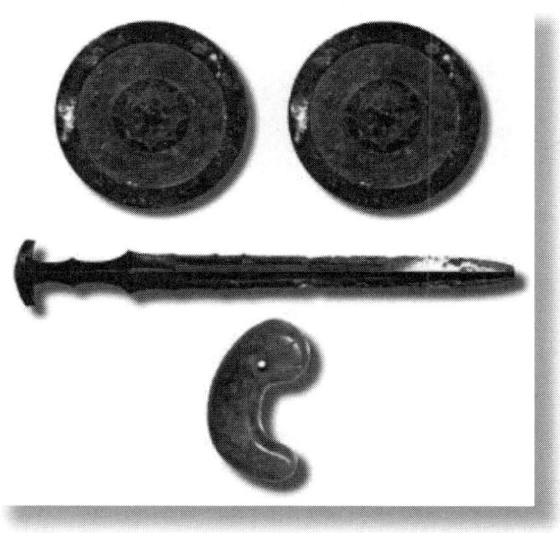

거울과 검 구슬

문형 & 표현

수동형 れる/られる

수동형을 나타낼 때는 れる/られる를 쓴다. れる는 1그룹동사에 오고 られる는 2그룹 및 3그룹동사에 온다.

접속 : れる는 1그룹동사의 어미를 ア단으로 바꾸어 접속시키고 2그룹은 어미 る를 떼고 られる를 붙인다. 3그룹은 변칙적으로 바뀌므로 외우는 게 좋다.

예외 : う로 끝나는 1그룹동사는 어미가 わ로 바뀐다.

○ 笑(わら)う → 笑(わら)われる

· 他人(たにん)に 笑(わら)われる。

· 友(とも)たちに手紙(てがみ)を読(よ)まれた。

· 弟(おとうと)にお菓子(かし)を食(た)べられた。

· 忙(いそ)しいのに妹(いもうと)に来(こ)られた。

· 子供(こども)にいたずらをされた。

중요어휘

印(しるし) 표시/징표	受(う)け継(つ)がれる 계승되다	御霊(みたま) 영혼
宿(やど)る 머물다	ですら 조차	代々(だいだい) 대대로

독해문제

본문을 읽고 다음 질문에 답하세요.

1. 「三種(さんしゅ)の神器(じんぎ)」とは何(なん)ですか。

2. 皇位(こうい)の印(しるし)として、歴代(れきだい)の天皇(てんのう)に受(う)け継(つ)がれるものは何(なん)ですか。

3. 天皇(てんのう)は三種(さんしゅ)の神器(じんぎ)を見(み)ることができますか。

2.3 일본의 천황제

天皇は先祖が神様であるニニギノミコトであるため、戦前までは神と同じように拝められた。しかし敗戦後、現在の日本国憲法では、「天皇」は日本国および日本国民の象徴だと言われている。つまり「天皇は日本のシンボル」という事になり、これを憲法や法律でハッキリと定めている。天皇になれるのは今の皇族であることも定められている。

明治時代の大日本帝国憲法では天皇は元首と定められ、軍の指揮権や統治権を持つなど強い権力を持っていた。

しかし第二次世界大戦を経て、天皇は「元首」ではなく、現在定められている「日本国および日本国民の象徴」という性格へと変化していったのである。

元首である天皇の役割はあくまでその国の象徴であり、実際の政治は政治家や内閣が行う政治体制になった。

니니기노미코토

문형 & 표현

가능동사

1그룹동사(오단)의 어미를 エ단으로 바꾸어 る를 붙이면 가능동사가 된다. 이때 원래 1그룹이었던 동사는 2그룹동사(하1단동사)가 된다.

예) · 読む(읽다) → 読める(읽을 수 있다)

· 書く(쓰다) → 書ける(쓸 수 있다)

· 会う(만나다) → 会える(만날 수 있다)

중요어휘

先祖(せんぞ) 조상	戦前(せんぜん) 전쟁전	拝(おが)められた 숭배받았다
象徴(しょうちょう) 상징	ハッキリと 분명하게	定(さだ)める 정하다
元首(げんしゅ) 원수	指揮権(しきけん) 지휘권	統治権(とうちけん) 통치권
権力(けんりょく) 권력	経(へ)る 지나다/거치다	変化(へんか) 변화
役割(やくわり) 역할	あくまで 어디까지나	実際(じっさい) 실제
内閣(ないかく) 내각		

독해문제

본문을 읽고 다음 질문에 답하세요.

1. 日本国(にほんこく)および日本国民(にほんこくみん)の象徴(しょうちょう)はだれですか。

2. 天皇(てんのう)になれるのは誰(だれ)ですか。

3. 現在(げんざい)、天皇(てんのう)は日本国(にほんこく)の元首(げんしゅ)ですか。

4. 実際(じっさい)の政治(せいじ)はだれが行(おこな)いますか。

2.4 일본의 연호

元号とは、日本の年代に付けられる称号である。年号と呼ばれることもある。明治以降は一世一元の制が定着し、「元号」が法的用語となった。現代では元号法が制度の裏付けとなっている。天皇の即位、また治世の途中にも行われる改元によって元年からリセットされ、名称も改められる。元号の元年は「1年目」に当たる。2019年5月には天皇が生存中に皇太子に譲位され、平成から「令和」になった。この「令和」には、人々が美しく心を寄せ合う中で、文化が生まれ育つ、という意味が込められているそうだ。五月一日に皇太子が即位し、その日以降、この新しい元号が用いられることになった。総務省は国の予算における会計年度の名称を原則、改元日以降は「令和元年度」としているが、企業や私的文書などはそれぞれの判断に任せた。

문형 & 표현

~における　~에 있어서의

동작이나 작용이 일어나는 장소 시간 등을 나타낸다.

· 太陽系における各惑星の特徴を調べてください。

· 彼は先史時代における言語活動の研究をしている。

중요어휘

元号 원호/연호

明治 1868-1912

寄せ合う 모으다/합치다

判断 판단

一世一元 한 천황에 하나의 연호를 쓰는 일

裏付け 근거

譲位される 양위되다

込められているそうだ 들어가 있다고 한다

任せる 맡기다

독해문제

본문을 읽고 다음 질문에 답하세요.

1. 日本の年代に付けられる称号は何ですか。

2. 一世一元の制が定着したのはいつからですか。

3. 令和の前の年号は何ですか。

4. 生存中に皇太子に譲位されることもありますか。

연습문제

1. 각각의 한자를 바르게 읽은 것을 고르세요.

〈 不思議 〉
1. ふしき　2. ふしぎ　3. ふじき　4. ふじぎ

〈 先導 〉
1. せんと　2. せんとう　3. せんど　4. せんどう

〈 簡単 〉
1. かったん　2. かんたん　3. かんだん　4. がんだん

〈 所有権 〉
1. しょうゆけん　2. しょうゆうけん　3. じょゆけん　4. しょゆうけん

〈 元首 〉
1. がんしゅ　2. けんしゅ　3. げんしゅ　4. げんしゅう

〈 政治 〉
1. せいし　2. せいじ　3. せいじい　4. ぜいじ

〈 定着 〉
1. ていしゃく　2. ていちゃく　3. でいじゃく　4. でいちゃく

〈 原則 〉
1. けんそく　2. げんしょく　3. げんぞく　4. げんそく

3과 일본의 고전시대 이해

3.1 구석기시대・조몬시대・야요이시대・고분시대・아스카시대

3.1.1 旧石器時代

日本列島の旧石器時代は、人類が日本列島へ移住してきた時に始まり、終わりは1万6000年前と考えられている。無土器時代、先土器時代ともいう。

ヨーロッパの考古学時代区分でいえば後期旧石器時代におおむね相当する。

3.1.2 縄文時代

縄文時代は、日本列島における時代区分の一つで、世界史では中石器時代ないしは、新石器時代に相当する時代である。旧石器時代と縄文時代の違いは、土器の出現や竪穴住居の普及、貝塚の形式などがあげられる。

3.1.3 弥生時代

弥生時代は、日本列島における時代区分の一つで、紀元前10世紀頃から、紀元後3世紀中頃までにあたる時代の名称である。水稲農耕を主とした生産経済の時代である。

3.1.4 古墳時代

古墳時代は、日本の歴史の時代区分の一つである。古墳、特に前方後円墳が 盛んに造られた時代を意味する。

一般的に、古墳時代は3世紀半ば 過ぎから、7世紀末頃までの約400年間を指すことが多い。

전방후원분

3.1.5 飛鳥時代

飛鳥時代は、日本の歴史の時代区分の一つである。広義には、飛鳥に都城が置かれていた592年から710年にかけての118年間を指す。飛鳥時代は古墳時代の終末期と重なる。

쇼토쿠세자(아스카시대)

문형 & 표현

~から~にかけて ~로부터 ~에 걸쳐서

「から」는 동작이나 움직임의 기점을 나타내고, 「かけて」는 동작이나 움직임이 미치는 범위를 나타낸다.

접속 : **명사** + から + **명사** + にかけて

· 1990年代(ねんだい)から2000年代(ねんだい)にかけて活躍(かつやく)した。

· 昨日(きのう)から今日(きょう)にかけて悪天候(あくてんこう)でした。

중요어휘

おおむね相当(そうとう)する 대체로 해당한다　ないしは 또는　竪穴住居(たてあなじゅうきょ) 수혈 주거/움집
貝塚(かいづか) 패총/ 조개껍데기가 쌓여 무덤처럼 이루어진 무더기　水稲農耕(すいとうのうこう) 벼농사
古墳(こふん) 고분　前方後円墳(ぜんぽうこうえんふん) 전방후원분　盛(さか)んに 활발히
指(さ)すことが多(おお)い 가리키는 일이 많다　終末期(しゅうまつき) 종말기/끝 무렵　重(かさ)なる 겹친다

독해문제

본문을 읽고 다음 질문에 답하세요.

1. 無土器時代(むどきじだい)、先土器時代(せんどきじだい)の別(べつ)の名前(なまえ)は何(なん)ですか。

2. 世界史(せかいし)では中石器時代(ちゅうせっきじだい)ないしは、新石器時代(しんせっきじだい)に相当(そうとう)する時代(じだい)はいつですか。

3. 水稲(すいとう)農耕(のうこう)を主(しゅ)とした生産(せいさん)経済(けいざい)の時代(じだい)はいつですか。

4. 3世紀(せいき)半(なか)ば過(す)ぎから7世紀(せいき)末頃(すえごろ)までの約(やく)400年間(ねんかん)を指(さ)す時代(じだい)はいつですか。

5. 古墳時代(こふんじだい)の終末期(しゅうまつき)と重(かさ)なる時代(じだい)はいつですか。

3.2 奈良時代

奈良時代は、日本の歴史の時代区分の一つで、710年から794年までの時期である。奈良に都がおかれた時代で、平城時代ともいう。日本仏教による鎮護国家を目指して、天平文化が花開いた時代である。

헤이조쿄(나라시대)

중요어휘

鎮護国家 진호국가/나라의 무사함을 빌어 독경·수도를 하는 것

天平文化 덴표문화/나라의 도읍지인 헤이조쿄(平城京)를 중심으로 하여 개화한 귀족·불교문화를 말한다.

독해문제

본문을 읽고 다음 질문에 답하세요.

1. 奈良に都がおかれた時代はいつですか。

2. 天平文化が花開いた時代はいつですか。

3. 平城時代はいつですか。

3.3 平安時代

平安時代は、794年から1185年までである。京都(平安京)に都がおかれた時代。貴族中心の社会の中で、多くの日本文化が生み出される。

京都におかれた平安京が、鎌倉幕府が成立するまで政治上ほぼ唯一の中心であったことから、平安時代と称される。

헤이안쿄(헤이안시대)

중요어휘

生み出される 만들어지다 　 ほぼ 거의 　 唯一 유일

문형 & 표현

~ことから　~것에서/~이기 때문에

이유나 판단의 근거가 되는 상황을 설명할 때 쓰인다.

접속 : **보통형** + ことから

· 彼(かれ)は何(なん)でも知(し)っていることから、「博士(はかせ)」と呼(よ)ばれている。

· 金(きむ)さんは中国語(ちゅうごくご)が話(はな)せることから、グローバル部(ぶ)を希望(きぼう)した。

· 彼女(かのじょ)の絵(え)は独創的(どくそうてき)なことから、現代(げんだい)ピカソと呼(よ)ばれる。

독해문제

본문을 읽고 다음 질문에 답하세요.

1. 京都(平安京)に都がおかれた時代はいつですか。

2. 貴族中心の社会の中で、多くの日本文化が生み出された時代はいつですか。

3. 平安時代と称される理由は何ですか。

3.4 가마쿠라시대 · 남북조시대 · 무로마치시대 · 전국시대 · 아즈치모모야마시대

3.4.1 鎌倉時代

鎌倉時代は、日本史で幕府が鎌倉に置かれていた時代を指す。日本の歴史の時代区分の一つである。1185年頃から1333年までである。朝廷と並んで全国統治の中心となった鎌倉幕府が鎌倉にあったので鎌倉時代と言う。本格的な武家政権による統治が開始した時代である。

3.4.2 南北朝時代

南北朝時代は、日本の歴史の時代区分の一つである。1336年から1392年までの57年間を指す。鎌倉時代と室町時代に挟まれる時代である。朝廷が「北朝」と「南朝」の二つに分裂した時代である。

3.4.3 室町時代

室町時代は、日本の歴史において、室町幕府によって統治されていた時代である。1336年から、織田信長が京都を掌握した1573年までの約237年間を指す。京都の室町に幕府が置かれていたことから室町時代という。茶の湯や生け花などの文化が生まれる。

오다노부나가

3.4.4 戦国時代

戦国時代は、1467年から1590年頃までで、長く戦乱が続いた時代である。世の中の不安定化によって室町幕府の権威が低下し、全国各地に戦国大名が台頭した。彼らは領土拡大のため他の大名と戦闘を行うようになった。こうした戦国大名による強固な領国支配体制を大名領国制という。

3.4.5 安土桃山時代

安土桃山時代は、日本の歴史において、織田信長と豊臣秀吉が中央政権を握っていた時代である。2人の名前を取って、織豊時代ともいう。1573年から1603年までの、日本統一が進む時代である。戦国時代が終わり日本が統一、経済発展が進む。

도요토미히데요시

<인물소개>

• 織田信長(おだ のぶなが)

일본 전국 시대의 무장. 1549년 16세에 부친의 뒤를 이어 오와리[尾張]의 성주가 됐다. 어려서부터 천하 평정의 큰 뜻을 품고 여러 제후를 평정, 무명(武名)을 천하에 떨쳤다.

• 豊臣秀吉(とよとみ ひでよし)

일본의 분열기인 전국 시대를 통일한 인물이다. 1582년 당시 일본의 1인자였던 오다노부나가의 부하로 있었으나, 노부나가의 사후 재빠르게 정권을 장악해 일본을 통일시켰다. 이후 새로운 영토를 확보하기 위해 조선을 침략했는데 이것이 1592년의 임진왜란이다.

문형 & 표현

~ようになる ~하게 되다

접속 :

- 동사 기본형
- 동사 ない형
- 동사 가능형

} + ようになる

- 納豆を食べるようになった。
- あの食堂には行かないようになりました。
- 日本語が話せるようになった。

중요어휘

- 指す 가르킨다
- 分裂した 분열한
- 生け花 꽃꽂이
- 権威 권위
- 台頭した 대두했다
- 領国 영지(領地), 영토
- 名前を取って 이름을 따서
- 朝廷と並んで 조정과 나란히
- 掌握した 장악한
- 戦乱 전란
- 戦国大名 센고쿠다이묘/일본 전국 각지에서 위세를 떨치던 대영주
- 戦闘 전투
- 支配体制 지배체제
- 進む 진행하다
- 挟まれる 끼다
- 茶の湯 다도
- 低下し 저하하고
- 強固な 강고한
- 握る 쥐다/장악하다

독해문제

본문을 읽고 다음 질문에 답하세요.

1. 1185年頃から1333年までは何の時代ですか。

2. 朝廷が「北朝」と「南朝」の二つに分裂した時代はいつですか。

3. 織田信長が京都を掌握した1573年までの約237年間はいつの時代ですか。

4. 長く戦乱が続いた時代はいつですか。

5. 織田信長と豊臣秀吉が中央政権を握っていた時代はいつですか。

3.5 江戸時代

江戸時代は、1603年から1868年までの約265年間で、多くの文化が生まれた。

徳川将軍家が日本を統治していた時代である。徳川時代とも言う。この時代の徳川将軍家による政府は、江戸幕府あるいは徳川幕府と呼ぶ。

도쿠가와 이에야스

중요어휘

徳川将軍家による 도쿠가와장군 가문에 의한　　あるいは 또는

문형 & 표현

~による ~에 의하다

① 앞의 일이 원인이 되어 뒤의 결과가 생겼을 때 사용한다.

· 事故(じこ)によって3人(にん)がけがをした。

· 台風(たいふう)による被害(ひがい)は大(おお)きかった。

② ~하는 사람/행위자

어떤 것(사람)에 의해 행해졌는가를 나타낸다.

· 電話(でんわ)はベルによって発明(はつめい)された。

· それは韓国人(かんこくじん)による発見(はっけん)である。

독해문제

본문을 읽고 다음 질문에 답하세요.

1. 江戸時代の別の名前は何ですか。

2. 江戸時代は誰が統治していましたか。

3. 江戸幕府の別の名前は何ですか。

연습문제

1. 각각의 한자를 바르게 읽은 것을 고르세요.

〈 考古学 〉
1. こうこかく　2. こうこがく　3. ここがく　4. こうごがく

〈 土器 〉
1. とき　2. とうき　3. どうき　4. どき

〈 広義 〉
1. こうき　2. こうぎ　3. こき　4. こぎ

〈 唯一 〉
1. ゆういつ　2. ゆういち　3. ゆいつ　4. ゆいち

〈 掌握 〉
1. しょあく　2. しょうあく　3. じょあく　4. じょうあく

〈 戦闘 〉
1. せんと　2. せんとう　3. せんとお　4. ぜんと

〈 統一 〉
1. どいつ　2. どういつ　3. とういち　4. とういつ

〈 統治 〉
1. とち　2. どち　3. とうち　4. どうち

4과 일본 상대작품 이해

4.1 상대시대의 문학작품

4.1.1『万葉集』

『万葉集』や『古事記』が書かれたころ、日本にはまだ平仮名も片仮名もなかった。

上代の諸作品は、外来の文字で自分たちのことばを書き表そうとした人々の、血のにじむような努力の結晶なのである。

『万葉集』は現存する日本最古の歌集。20巻。編者、成立年代ともに不明だが、全巻の完成は8世紀末ごろで、大伴家持が編纂に関係したことは確実とされる。総歌数約4500首、短歌4200余首、長歌約260首、旋頭歌60余首、仏足石歌が1首である。

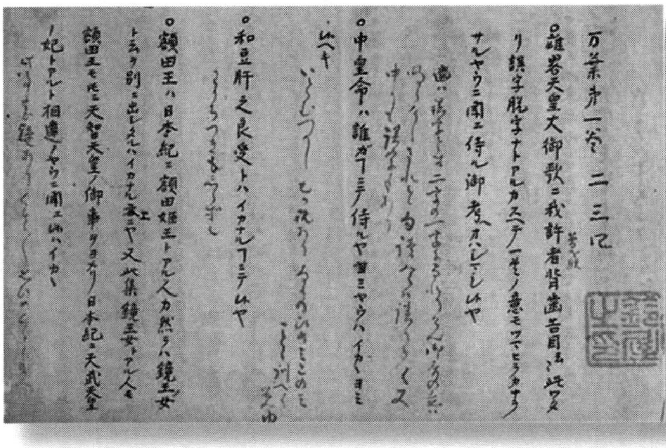

망요슈

鑑賞(かんしょう)

大伯皇女(おほくのひめみこ)

大津皇子(おほつのみこ)の屍(しかばね)を葛城(かずらぎ)の二上山(ふたかみやま)に移(うつ)し葬(はぶ)りし時(とき)に、

大伯皇女(おほくのひめみこ)の哀(かな)しび傷(いた)みて作(つく)りませる御歌二首(おんうたにしゅ)

165 うつそみの 人となる我(われ)や 明日(あす)よりは 二上山(ふたかみやま)を弟(いろせ)と我(あ)がみむ

오오쿠노히메미코

오오츠노미코의 시신을 가즈라기의 후타가미산에 이장했을 때에 오오쿠노히메미코가 애상하여 지으신 노래 두 수

이 세상 사람인 나는, 내일부터는 이제 후타가미산을 동생이라고 생각하며 바라볼 수밖에 없게 되었다

* 国家の反逆者として処刑された大津皇子（663年-686年10月25日)の遺体は二上山に埋葬された。この歌は大伯皇女が、弟の大津皇子が眠る二上山を眺めて詠んだ歌である。686年9月に父の天武天皇が崩御すると、同年10月2日に親友の密告により、謀反の罪で捕えられ、翌日に自邸で自害した。享年24。

* 大伯皇女（661年2月12日-702年1月29日)は、天武天皇の皇女。同母弟に大津皇子がいる。

大津皇子

大津皇子、死を被りし時に、磐余の池堤にして涙を流して作らす御歌一首

416 ももづたふ　磐余の池に　鳴く鴨を　今日のみ見てや　雲隠りなむ

오오츠노미코

오오츠노미코, 죽음을 선고받았을 때, 이와레의 연못 둑에서 눈물을 흘리며 지으신 노래 두수

이와레연못에서 우는 오리를 오늘 마지막으로 보고 죽어가는 것일까

4.1.2 『古事記』

『古事記』は日本最古の歴史書で全3巻である。序によれば、稗田阿礼が暗誦していた『帝紀』『旧辞』を、元明天皇の命によって太安万侶が記録、編纂したものである。和銅5 (712) 年だった。

『古事記』に書かれているのは、日本の誕生から、六世紀の推古天皇の時代までである。そこには、神の出現や、人と神の出会い、天皇が国を治める理由や経緯が書かれている。

口頭で語り継がれている神話を文章化したのが『古事記』で、もっとも古い歴史書と言われている。

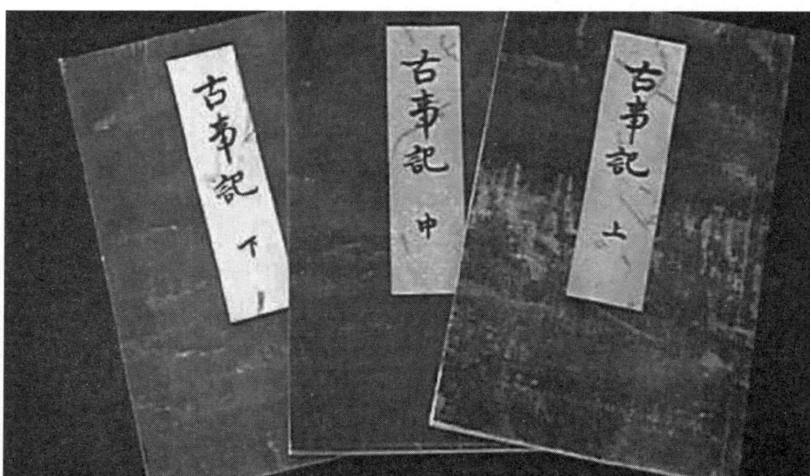

고지키

4.1.3『日本書紀』

『日本書紀』は30巻+系図1巻で、完成は720年である。舎人親王によって完成された。

『古事記』は、33代にあたる推古天皇(628年)までで、『日本書紀』は、第41代天皇である持統天皇(703年)までのことが書いてある。全30巻で、編年体である。

니혼쇼키

『古事記』と『日本書紀』

	古事記	日本書紀
完成年	712年	720年
巻数	全3巻	全30巻+系図1巻
編纂者	稗田阿礼が語り、太安万侶が筆記	舎人親王により完成
特徴	天皇家の歴史を中心に物語風に書かれている	年代を追って出来事を記す編年体
収録時期	推古天皇まで	持統天皇まで
表記	日本漢文体	漢文体
目的	天皇家を中心とする国家統一の正当性（国内向け）	国外に国家としての日本の主張（国外向け）

문형 & 표현

~にあたる ~에 해당하다

· 他人を指すのは失礼にあたる。

· 彼はクラスの中で最年少にあたる。

중요어휘

- 諸作品 여러 작품
- 外来の文字 외래문자
- 血のにじむような努力の結晶 피나는 노력의 결정
- 確実とされる 확실하다고 여겨진다
- 総歌数 총 노래 수
- 短歌 57577 형식의 노래
- 長歌 5 757...577로 맺어지는 노래
- 旋頭歌 577577 형식의 노래
- 仏足石歌 575777 형식의 노래
- 暗誦していた 암송하고 있던
- 帝紀 제기/천황계보
- 旧辞 옛날 기록
- 元明天皇 (661년-721년) 제43대 천황. 여성이다
- 推古天皇 (554년-628년) 제 33대 천황
- 出会い 만남
- 治める 다스리다
- 経緯 경위
- 口頭で 구두로
- 語り継がれている 전해 내려오고 있는
- もっとも 가장
- 系図 계보
- 編年体 편년체
- 持統天皇 (645년-702년) 일본의 제41대 천황/제38대 천황인 덴지(天智)의 딸

독해문제

본문을 읽고 다음 질문에 답하세요.

1. 現存する日本最古の歌集は何ですか。

2. 日本最古の歴史書は何ですか。

3. 太安万侶が記録、編纂したものは何ですか。

4. 持統天皇(703)までのことが書いてある歴史書は何ですか。

4.2 상대시대의 문화 – 아악

雅楽は、中国や朝鮮半島からもたらされた音楽や舞に、上代以前から伝わる音楽や舞が融合し日本化した芸術である。10世紀頃に大まかな形態が成立し、今日まで伝承されている。

古の形を残しながら現在まで伝承されている音楽としては、世界でも類を見ない、歴史的にも貴重な音楽文化財である。

雅楽は、宮廷、貴族社会、有力社寺等で行われてきた。現在も行われている演奏スタイルは「世界最古のオーケストラ」と言われる。

아악

문형 & 표현

~としては ~로서는

~라는 입장·상태·신분으로 라는 뜻으로 쓰인다.

- 彼は先生としては一流だが、人間としては三流だ。
- あの高校を卒業した僕としては、やはり応援したくなる。

類を見ない 유례가 없는

비슷한 것이나 같은 수준의 것이 달리 없는 것이라는 뜻으로 쓰인다.

- 2年連続の入賞は、韓国国内では他に類を見ない功績である。
- これは世界史上類を見ない結婚制度であった。

중요어휘

もたらされた 전해져온	舞 춤	大まかな 대략적인
古の形 옛 형식	類を見ない 유례가 없는	
有力社寺 유력한 신사와 절	演奏 연주	

독해문제

본문을 읽고 다음 질문에 답하세요.

1. 雅楽(ががく)が大(おお)まかな形態(けいたい)に成立(せいりつ)したのはいつですか。

2. 雅楽(ががく)は主(おも)にどこで行(おこな)われてきましたか。

3. 世界最古(せかいさいこ)のオーケストラと言(い)われているのは何(なん)ですか。

연습문제

1. 각각의 한자를 바르게 읽은 것을 고르세요.

〈 上代 〉
1. じょうたい 2. じょうだい 3. じょたい 4. じょだい

〈 外来 〉
1. からい 2. がらい 3. かいらい 4. がいらい

〈 現存 〉
1. けんそん 2. けんぞん 3. げんそん 4. げんぞん

〈 暗唱 〉
1. あんしょ 2. あんしょう 3. あんじょ 4. あんじょう

〈 出現 〉
1. しゅっけん 2. しゅうけん 3. しゅつけん 4. しゅつげん

〈 完成 〉
1. かんせ 2. かんせい 3. がんせ 4. がんせい

〈 雅楽 〉
1. かかく 2. かがく 3. がかく 4. ががく

〈 伝承 〉
1. てんしょう 2. でんしょう 3. てんじょう 4. でんじょう

5과 일본 중고작품 이해

5.1 중고시대란

中古時代は、延暦13年（794年)、平安京（京都)に都を移してから鎌倉幕府が成立するまで（1192)の約400年間を指す。「平安時代」とも言い、最初の勅撰和歌集の『古今和歌集』が編纂された時期である。

中古時代では、男性貴族が政治で使う文字は漢字であり、文章は漢文であった。しかしその一方で「かな」による表現が始まった。女房など女性たちが「かな」を使用したため、その女性たちと交流を持つ男性も「かな」を使うようになった。

紀貫之が女性の立場から仮名で書いた『土佐日記』をはじめとして、道綱母の『蜻蛉日記』が現れた。また清少納言による、最初の随筆、『枕草子』が書かれた。

最初の物語である『竹取物語』が現れ、中古文学の代表作とも言われる紫式部の『源氏物語』が現れる。『源氏物語』は以降の日本文学史全体に強い影響を与えることになる。

문형 & 표현

ため

~때문에/~를 위하여/이익 등의 뜻이 있다.

접속 : 체언이나 용언의 연체형에 온다. のため, のために 등으로 쓰인다.

1. 원인 · 이유
   - 運動会(うんどうかい)は雨(あめ)のために延期(えんき)します。
   - 事故(じこ)があったため、遅刻(ちこく)しました。

2. 도움이 됨/이익
   - ためにならない本(ほん)です。
   - あなたのためを思(おも)って言(い)うのだ。

3. 목적이나 기대
   - 健康(けんこう)のために運動(うんどう)をします。
   - 会議(かいぎ)のため、上京(じょうきょう)する予定(よてい)です。

중요어휘

都(みやこ) 도읍	移(うつ)してから 옮기고 나서	編纂(へんさん)された 편찬된
勅撰和歌集(ちょうくせんわかしゅう) 칙찬와카집/천황의 명령으로 만들어진 와카집		女房(にょうぼう) 뇨보/중류귀족 신분의 시녀
交流(こうりゅう)を持(も)つ 교류를 하는	立場(たちば)から 입장에서	随筆(ずいひつ) 수필
物語(ものがたり) 모노가타리/긴 이야기, 소설	以降(いこう) 이후	影響(えいきょう) 영향

독해문제

본문을 읽고 다음 질문에 답하세요.

1. 中古時代はいつからいつまでですか。

2. 中古時代の別の名は何ですか。

3. 『古今和歌集』が編纂された時期はいつですか。

4. 女房など女性たちが使用した文字は何ですか。

5. 最初の随筆は何ですか。

6. 最初の物語は何ですか。

7. 中古文学の代表作とも言われる本は何ですか。

5.2 중고시대의 문학작품

5.2.1『古今和歌集』

905年、初の勅撰和歌集である『古今和歌集』が編纂され、和歌が漢詩と対等の位置を占めるようになった。『古今和歌集』は仮名で書かれた仮名序と漢文で書かれた真名序の二つの序文がある。勅撰和歌集とは、主に、天皇の命によって編纂された和歌集を指す。仮名序によれば、醍醐天皇の勅命により『万葉集』に撰ばれなかった古い時代の歌から撰者たちの時代までの和歌を撰んで、延喜5年 (905年)完成した。

撰者は紀友則、紀貫之、凡河内躬恒、壬生忠岑の4人である。編纂の中心は貫之であり、友則は途上で亡くなったと考えられている。

5.2.2 鑑賞

秋立つ日よめる

藤原敏行

169 秋来ぬと目にはさやかに見えねども風の音にぞおどろかれぬる

입추에 읊다

후지와라노 도시유키

가을이 왔다고 눈에는 뚜렷이 보이지 않지만 부는 바람소리를 들으니 역시 가을인 것을 깨닫습니다

小野(おのの)小町(こまち)

552 思(おも)ひつつ寝(ぬ)ればや人(ひと)の見(み)えつらむ 夢(ゆめ)と知(し)りせば覚(さ)めざらましを

오노노 코마치

그리워하면서 잤기 때문에 그 사람이 꿈속에 나타난 것일까. 만일 꿈이라고 알았더라면 잠을 깨지 않았을 텐데

오노노 코마치

5.2.3『蜻蛉日記』

『蜻蛉日記』は、平安時代の女流日記で、作者は藤原道綱母である。954年から974年の出来事が書かれていることから、成立は975年前後と推定される。上中下の三巻よりなる。一夫多妻制を生きる女性、道綱母のすさまじい現実をありのまま生き生きと書いている。女流日記のさきがけとされ、『源氏物語』をはじめ多くの文学に影響を与えた。また、自らの心情や経験を客観的に省察する自照文学の嚆矢ともされている。

5.2.4『源氏物語』

『源氏物語』は、平安時代中期に成立した日本の長編物語、小説。作者は紫式部である。主人公の光源氏を通して、恋愛、栄光と没落、権力争いなど、平安時代の貴族社会を描いた。

現在、『源氏物語』は日本だけではなく、20ヶ国語を超える翻訳を通じ世界各国で読まれている。

＜重要登場人物＞

• 光源氏

桐壷帝の子、光源氏は幼くして母を亡くした。12歳のとき成人式をした光源氏は、4つ年上の葵の上と結婚する。一方、帝の後宮に新たに入った藤壷の宮が母に似ていると聞いた源氏は彼女を思い焦がれるようになり、父の後妻を愛するという道ならぬ恋に走る。

• 紫の上

光源氏の妻のひとり。光源氏に次ぐ主要な人物である。容姿とともに知性、性格などでも最高級の女性として描かれる。

源氏は熱病にかかり、北山を訪ねた時、可愛らしい少女を見つける。十歳くらいのその少女（紫の上)はどことなく思慕する藤壷の宮に似ていた。源氏18歳、藤壷の宮23歳、葵の上22歳、紫の上10歳であった。

• 藤壷

藤壷中宮とも呼ぶ。光源氏の初恋の女性。先帝の娘である。

桐壷更衣にそっくりの美貌の女性で、更衣の死後、桐壷帝がその噂を聞いて熱心に求婚、14歳で入内する。光源氏との間に皇子が生れる。

• 葵の上

父は左大臣、母は桐壷帝の妹の大宮。光源氏の従姉にあたる。16歳のとき、12歳の光源氏と結婚する。頑なな性格で源氏との結婚生活は円満ではなかった。光源氏との間に夕霧が誕生した。

5.2.5『枕草子』

『枕草子』は、平安時代中期に中宮定子に仕えた女房、清少納言が書いた随筆。成立時期は正確には分からないが、1001年にはほぼ完成したとされている。

『源氏物語』に比肩する中古文学の双璧として、後世の作品に大きな影響を与えた。鴨長明の『方丈記』、吉田兼好の『徒然草』と並んで日本三大随筆と称される。

세이쇼나곤

문형 & 표현

~に次ぐ　~에 버금가는

· 彼は社長に次ぐ実力者だ。

· 大阪は東京に次ぐ大都会だ。

중요어휘

和歌集 와카슈/와카를 모아놓은 책
途上で 도중에서
一夫多妻制 일부다처제
省察する 성찰하는
嚆矢とも 효시라고도
に次ぐ ~에 버금가는
워하다
思慕する 사모하는
入内 입궐
円満ではなかった 원만하지 않았다
並んで 나란히

対等の位置 대등한 위치
出来事 사건/일
すさまじい 기막히다/무섭다
自照文学 자조문학
権力争い 권력투쟁
描く 그리다
道ならぬ恋 도리가 아닌 사랑
初恋 첫사랑
従姉 사촌
比肩する 비견하는/견주는

勅命 칙명
推定される 추정된다
ありのまま 있는 그대로
さきがけ 선구
描いた 그렸다
思い焦がれる 몹시 그리
可愛らしい 사랑스러운
噂 소문
頑なな 완고한
双璧 쌍벽

독해문제

본문을 읽고 다음 질문에 답하세요.

1. 和歌が漢詩と対等の位置を占めるようになったのはいつからですか。

2. 『古今和歌集』の撰者は誰ですか。

3. 『源氏物語』の作者は誰ですか。

4. 容姿とともに知性、性格などでも最高級の女性として描かれている『源氏物語』の人物は誰ですか。

5. 12歳の光源氏と結婚したのは誰ですか。

6. 清少納言が書いた随筆は何ですか。

7. 日本三大随筆は何ですか。

연습문제

1. 각각의 한자를 바르게 읽은 것을 고르세요.

〈 男性 〉
1. たんせ　2. だんせ　3. たんせい　4. だんせい

〈 以降 〉
1. いこ　2. いこう　3. いっこ　4. いっこう

〈 対等 〉
1. たとう　2. たいとう　3. だいとう　4. だいどう

〈 現実 〉
1. けんしつ　2. けんじつ　3. げんしつ　4. げんじつ

〈 作者 〉
1. さくしゃ　2. さくじゃ　3. さっしゃ　4. さっじゃ

〈 翻訳 〉
1. ほやく　2. ほうやく　3. ほんやく　4. ほんよく

〈 主要 〉
1. しゅうよう　2. しゅよう　3. じゅよう　4. じゅうよう

〈 中期 〉
1. ちゅき　2. ちゅうき　3. じゅき　4. じゅうき

6과 일본의 노래 이해

와카 · 단카 · 하이쿠

6.1 和歌

5·7·5·7·7の文字数で構成されるのが和歌の特徴である。5·7·5を上の句、7·7を下の句と呼ぶ。数えるときは、「一首、二首」と数える。テーマは季節や恋愛など、非常にさまざまである。華やかで美しい言葉をいかにうまく使うかがカギとなる。

(鑑賞·和歌)

伊勢

676 知ると言へば 枕だにせで 寝しものを 塵ならぬ名の 空に立つらむ

(『古今集』)

이세

베개는 사랑의 비밀을 알아버린다기에 베개도 안 베고 잤는데 먼지도 아닌 내 소문이 지레짐작으로 하늘에 가득 차 있는 것일까.

중요어휘

非常に 매우 華やかで 화려하고 いかにうまく 어떻게 잘 カギ 열쇠/키

6.2 短歌

短歌は和歌の一種である。現代では、「和歌イコール短歌」であると考えても問題ない。もともと和歌は、短歌·旋頭歌などの総称という意味があったのである。しかし、時が経つにつれて短歌以外がすたれた結果、和歌と言うと、もっぱら短歌のことを指すようになった。だから短歌の文字数も、和歌と同様5·7·5·7·7である。

明治時代になると新しいタイプの短歌が登場するようになるが、こうした近代以降の短歌は「和歌」とは呼ばない。

중요어휘

一種 일종	もともと 원래	総称 총칭
時が経つにつれて 시간이 지남에 따라		すたれた 쇠퇴한/ 쇠퇴하다
もっぱら 오로지	だから 그렇기 때문에	同様 마찬가지로
明治時代 1868년~1912년경	呼ばない 부르지 않는다	

문형 & 표현

~とは ~라고는

と를 강조한 표현이다.

· 田中(たなか)君(くん)の恋人(こいびと)が彼女(かのじょ)とは知(し)らなかった。

· 行(い)けとは言(い)わない。

6.3 俳句(はいく)

俳句(はいく)は、5·7·5の文字数(もじすう)で構成(こうせい)される。

そして、季節(きせつ)を表(あらわ)す「季語(きご)」を必(かなら)ず使(つか)わなければならないというルールがある。

数(かぞ)えるときは一句(いっく)、二句(にく)と数(かぞ)える。俳句(はいく)のテーマは季節(きせつ)や自然(しぜん)を題材(だいざい)にしたものが中心(ちゅうしん)である。

短(みじか)い句(く)の中(なか)で、いかにわび·さびを表現(ひょうげん)できるかが優(すぐ)れた作品(さくひん)を生(う)み出(だ)すカギとなっている。「わび·さび」とは日本の美意識(びいしき)の一つで、主(おも)に静(しず)かで質素(しっそ)な情景(じょうけい)を趣(おもむ)き深(ぶか)いとする考(かんが)え方(かた)である。

松尾芭蕉(まつおばしょう)

閑さや岩にしみ入る蟬の声 / しずかさや いわにしみいる せみのこえ

(季語(きご)：　　　　　　)(季節(きせつ)：　　　　　　)

아아, 뭐라고 말할 수 없는 조용함이로구나. 그 속에서 바위 속까지 스며들 듯한 매미소리가 점점 더 조용함을 더하고 있다.

有名(ゆうめい)な、俳句(はいく)の中(なか)の一(ひと)つである。

これは、セミがうるさいからこそ静(しず)けさが際立(きわだ)つということを表現(ひょうげん)している優(すぐ)れた一句(いっく)である。

松尾芭蕉

古池や蛙飛びこむ水の音 / ふるいけや かわずとびこむ みずのおと

（季語：　　　　　）（季節：　　　　　）

오래된 연못에 개구리가 물속에 첨벙 뛰어드는 소리가 들린다. 그 소리가 잠시 여운을 남기고 그리고 다시금 고요해지는 구나.

これは、芭蕉の作品中でもっとも知られているだけでなく、すでに江戸時代から俳句の代名詞として広く知られていた句である。松尾芭蕉の俳句は、自然の美や日本の侘び寂びを詠み込んだものだった。

* 松尾芭蕉

生年：1644年

死没：1694年11月28日

書籍：おくのほそ道

時代：江戸時代

중요어휘

題材 소재	いかに 어떻게	わび 와비/간소하고도 차분한 정취
さび 사비/은근하고 깊은 정감	優れた 뛰어난	生み出す 만들어내다
主に 주로	質素な 소박한	情景 정경
趣き深い 정취가 깊다	考え方 생각	詠み込んだ 읊은

문형 & 표현

~なければならない ~하지 않으면 안 된다/~해야 한다

~なければいけない라는 표현도 있는데 이것은 말하는 사람의 주관적인 생각이 포함된 경우에 주로 쓰는데 비해 ~なければならない는 「~하는 것이 당연하다」라는 보편적인 생각을 나타내는 표현에 쓰인다.

접속 : 동사 ない형+なければならない

· 学校に行かなければならない。

· 交通規則を守らなければならない。

에도시대 사람들의 모습

마츠오 바쇼

※ 自分で俳句を作ってみましょう(季節や季語も考えましょう)。

독해문제

본문을 읽고 다음 질문에 답하세요.

1. 和歌の特徴は何ですか。

2. 「一首、二首」と数えるのは何ですか。

3. 短歌の文字数はどうなりますか。

4. 5·7·5の文字数で構成されるのは何ですか。

5. 俳句のテーマは何が中心ですか。

6. 松尾芭蕉は誰ですか。

연습문제

1. 각각의 한자를 바르게 읽은 것을 고르세요.

〈 特徴 〉
1. とくちょう　2 .とっちょう　3. どくちょう　4. どっちょう

〈 言葉 〉
1. ことは　2. ことば　3. ごとば　4. ごどば

〈 一種 〉
1. いちしゅ　2. いちしゅう　3. いっしゅ　4. いっしゅう

〈 総称 〉
1. そうしゅう　2. そしょう　3. そうそう　4. そうしょう

〈 以外 〉
1. いかい　2. いいがい　3. いがい　4. いっかい

〈 同様 〉
1. とうよ　2. どうよう　3. どうよ　4. どよう

〈 題材 〉
1. たいさい　2. たいざい　3. ださい　4. だいざい

〈 中心 〉
1. じゅうしん　2. じゅしん　3. ちゅうしん　4. ちゅしん

제 2부

일본의 전통문화

7과 헤이안 시대의 결혼

7.1 平安時代の結婚制度

平安時代の結婚制度の特徴として招婿婚と一夫多妻制がある。招婿婚とは婿を招く結婚形態のことをいう。また、一夫多妻制は夫が多数の妻妾を持つことである。

その多数の妻妾の中で特に地位や権威が高く他の妻妾をうまくまとめることのできる女性は正妻となり男の邸に入り、家刀自として家全体の経営を行うのである。

当時、結婚についての規則は定められており、男は十五歳、女は十三歳以上であった。平安時代は早婚だったので、一般的に男性が十七、十八歳前後、女性は十三歳くらいで結婚した。

女の結婚にあたっては特にその祖父母·伯叔父母·兄弟·外祖父母の承諾を得なければならない。そのため親兄弟の反対を押し切ってこっそりと恋愛沙汰に走るのはとんでもないことである。

正妻を有する者がさらに他の女を正妻としてめとることは許されなかった。

しかし、正妻と妾の地位は平等なものだった。

当時の結婚生活は男女がそれぞれ別々に生活し夫が妻の家へ通う「通い婚」が一般的だった。しかし妻が孤児同然であった場合には夫の家に同居することもあった。

가이마미

문형 & 표현

~にあたって(は)　~에 있어서(는)

- 行動するにあたっては計画が必要です。
- 入社にあたって最も気になることの一つは給与です。

~どこぞ(に/の)　~어딘가(에/의)

어디인지 확실히 모르는 장소를 가리킬 때 쓰는 말이다. 예스러운 말투이다. どこか와 같은 뜻이다.

- どこぞ近くへ出かけました。
- 彼女は、どこぞのモデルらしい。

중요어휘

招婿婚 초서혼/사위를 맞아들이는 혼인　　婿 사위

招く 부르다　　地位 지위　　権威 권위

妻妾 처첩　　まとめる 정리하다/합치다　　邸 저택

家刀自 주부　　早婚 조혼　　承諾 승낙

押し切って 무릅쓰고　　こっそりと 몰래　　恋愛沙汰 연애사건

とんでもないことである 어림도 없는 일이다/ 당치도 않은 일이다

通い婚 방문결혼/남편이 아내가 있는 데로 다니러 가는 혼인 형태　　平等な 평등한

孤児同然 고아와 마찬가지

독해문제

본문을 읽고 다음 질문에 답하세요.

1. 平安時代の結婚制度の特徴は何ですか。

2. 一夫多妻制とは何ですか。

3. 平安時代には女性は何歳以上になると結婚できましたか。

4. 親兄弟の反対を押し切ってこっそりと結婚することはできましたか。

5. 正妻と妾の地位は平等でしたか。

7.2 婚姻成立までの過程

7.2.1 まずは手紙から

平安時代の婚姻成立までの過程は今とはまったく違い、なかなか大変なものだった。当時の女性は顔を見せないようにしていたため、男性は「垣間見(のぞき見)」や世間の噂から意中の女性を見つける。

貴族の子弟は意中の女性を見つけるため、どこぞに美しい女性がいるらしい、という噂に敏感だった。その噂の出所は姫君の周囲からそれとなく流されることが多く、身分の高い姫君の場合にはその父や兄がこれぞと思う人に対してそれとなく言うこともあったのである。また、姫君の周囲に仕える乳母や他家へ出入りする女房たちが意識的に噂を流した。

男から女への求愛の手紙、懸想文は乳母や女房たちによって検討される。母親が加わることもあった。その時、手紙の文章や和歌が上手かどうか、字はきれいか、身分や姫君たちとの関係やこれからの出世の見通し、性格なども調べられる。以上の結果よしとなればその手紙は女のもとへ渡される。

7.2.2 結婚成立

当時の貴族社会では、女性は、人目を避けるのが普通で、同世代の男性が直接に、適齢期の女性と知り合う事はまれだった。男性は、まず女性の風聞を耳にしたり、垣間見によってその容色を知り、求婚の歌や手紙を送った。

女は最初女房の代筆の返事を送り、交渉の進展によって、自筆のものを送った。やがて、親達の同意を得、男が夜、女のもとを訪れ、契りを結ぶ。翌朝、男が女の元に文を送る。これを後朝の文という。

早く届けられるのが、誠意の証とされ、三晩にわたって、男が女のもとに通うのが男の結婚の意志をあらわす事だった。一晩二晩で通わなくなる男もいたわけである。

男が最初に訪れた際に従者が手にしていた松明の灯は、閨の灯台に移して、三日消さずに灯し続けた。これは結婚の成就を願う風習である。

また男が通ってきた夜に、女の両親が男の靴を抱いて寝る習慣も、同様である。三日目の夜は、三日夜餅を供え、夜が明けて、露顕という、女の両親や親類との対面があり、祝宴が行われた。ここで結婚が成立する。

헤이안시대의 편지함

중요어휘

垣間見(かいまみ) 가이마미/틈 사이로 슬쩍 엿봄	世間(せけん) 세상	噂(うわさ) 소문
意中(いちゅう) 마음속	姫君(ひめぎみ) 아가씨	周囲(しゅうい) 주위
流(なが)される 흘리다	身分(みぶん) 신분	場合(ばあい) 경우
仕(つか)える 모시다	乳母(めのと) 유모	求愛(きゅうあい) 구애
懸想文(けそうぶみ) 연애편지	検討(けんとう)される 검토 된다	加(くわ)わる 참가하다
出世(しゅっせ)の見通(みとお)し 출세전망	適齢期(てきれいき) 적령기	風聞(ふうぶん) 풍문
容色(ようしょく) 용모	返事(へんじ) 답장	交渉(こうしょう) 교섭
契(ちぎ)りを結(むす)ぶ 부부로서의 인연을 맺다	翌朝(よくちょう) 다음날 아침	

後朝(きぬぎぬ)の文(ふみ) 다음날 아침편지/남녀가 하룻밤을 보낸 후 남성이 여성에게 보냈던 연애편지

訪(おとず)れた際(さい)に 방문했을 때에	従者(じゅうしゃ) 하인	松明(たいまつ)の灯(あかし) 등불
閨(ねや)の灯台(とうだい) 침실의 촛대	成就(じょうじゅ) 성취	

三日夜餅(みかよのもちい) 3일 밤 떡/3일 째 밤에 신랑에게 떡을 대접하는 행사

문형 & 표현

なかなか 좀처럼/상당히

대체로 두 가지 뜻이 있다.

なかなか의 뒤에 긍정이 오면 '꽤/상당히'라는 뜻이 되고 부정이 오면 '좀처럼'이라는 뜻이 된다.

1. なかなか의 뒤에 부정이 올 때

. 日本ではなかなか馬を見ることができない。

. なかなかバスが来ない。

2. なかなか의 뒤에 긍정이 올 때

. この映画はなかなか面白い。

. なかなか難しい質問です。

독해문제

본문을 읽고 다음 질문에 답하세요.

1. 男(おとこ)からの求愛(きゅうあい)の手紙(てがみ)に女性(じょせい)はすぐに返事(へんじ)を送(おく)りましたか。

2. 男(おとこ)が結婚(けっこん)の意志(いし)をあらわすためにしたことは何(なん)ですか。

3. 同世代(どうせだい)の男性(だんせい)が直接(ちょくせつ)に、適齢期(てきれいき)の女性(じょせい)と知(し)り合(あ)う事(こと)は簡単(かんたん)でしたか。

4. 契(ちぎ)りを結(むす)んだ翌朝(よくちょう)、男(おとこ)が女(おんな)の元(もと)に送(おく)る文(ふみ)は何(なん)といいますか。

5. 露顕(ところあらわし)とは何(なん)ですか。

연습문제

1. 각각의 한자를 바르게 읽은 것을 고르세요.

〈 多数 〉
1. たいすう　2. たす　3. たすう　4. だすう

〈 男性 〉
1. たんせ　2. たんせい　3. だんせ　4. だんせい

〈 平等 〉
1. びょと　2. びょうと　3. びょうとう　4. びょうどう

〈 過程 〉
1. かいてい　2. かてい　3. かでい　4. がてい

〈 世間 〉
1. せかん　2. せがん　3. せけん　4. せっけん

〈 子弟 〉
1. したい　2. してい　3. しだい　4. じだい

〈 同意 〉
1. とい　2. どい　3. とうい　4. どうい

〈 成就 〉
1. じょうじゅ　2. じょうじゅう　3. じょじゅ　4. じょじゅう

8과 가부키와 노

8.1 歌舞伎

歌舞伎は、日本固有の演劇で、伝統芸能の一つで、1965年に重要無形文化財と指定された。2005年にはユネスコに傑作宣言され、2009年に無形文化遺産の代表一覧表に記載された。

歌舞伎の元祖は、「お国」という女性が創始した「かぶき踊」であると言われている。「かふきをとり」という名称が初めて記録に現れるのは、1603年である。

8.1.1 歌舞伎の由来

歌舞伎という名称の由来は、「傾く」の古語にあたる「傾く」の連用形を名詞化した「かぶき」だと言われている。派手な衣装や一風変わった異形を好んだり、常軌を逸脱した行動に走ることを指した語で、特にそうした者たちのことを「かぶき者」とも言った。

そうした「かぶき者」の斬新な動きや派手な装いを取り入れた独特な「かぶき踊り」が慶長年間（1596年 - 1615年)に京で人気を呼び、これが今日の伝統芸能「かぶき」の語源となっている。

「かぶき踊り」は主に女性が踊っていた事から、「歌舞する女」の意味で「歌舞姫」、「歌舞妃」、「歌舞妓」などの表記が用いられたが、江戸時代に主に用いられたのは「歌舞妓」であった。現在用いられる「歌舞伎」の表記も江戸時代使われない事はなかったが、一般化したのは近代になってからである。

8.1.2 歌舞伎の歴史

江戸時代、歌舞伎役者らは伝統的に「河原者」（賤民)として身分上は差別されたが、各地への通行には逆に便宜を与えられた。

太平洋戦争の激化に伴い、劇場の閉鎖や上演演目の制限など規制が行なわれ、歌舞伎の興行も困難になり、戦災による物的·人的な被害も多かった。

終戦後、GHQは日本の民主化と軍国主義化の払拭との理由から「仇討ち物」や「身分社会を肯定する」演目の上演を禁止した。しかし、マッカーサーの副官バワーズの進言で、1947年11月、古典的な演目の制限が解除された。

1950年代、人々の生活に余裕が生まれ、娯楽も多様化し始めた。プロ野球やレジャー産業の人気上昇、映画やテレビ放送の発達により、歌舞伎の人気は衰えた。

そのような社会の変動の中、十一代目市川団十郎襲名（1962年)から、歌舞伎は人気を回復する。

가부키배우

<인물소개>

• 市川團十郎(いちかわ だんじゅうろう)

이치가와 단주로 가문은 긴 역사와 수많은 실적 등으로 가부키배우 중에서 독보적인 권위를 인정받고 있다. 이치가와 단주로라는 이름은 대대로 계승되는 것이 특징이다. 이치가와 단주로라는 이름을 계승한 사람들 중 절반이 불운한 죽음을 맞이한 것으로 알려져 있다.

• 十一代目市川海老蔵(だい め いちかわえびぞう)

일본의 남자가부키배우로 인기배우로도 활약하고 있다. 가부키명문 이치카와 에비조의 이름을 계승, 2020년 5월에는 제13대 이치가와 단주로를 계승할 예정이었으나 코로나19의 유행으로 인해 명명식이 연기되는 해프닝이 있었다.

11대 이치가와 에비조

문형 & 표현

ます형 + 始(はじ)める　~하기 시작하다

어떤 동작이 비로소 시작된다는 뜻이다.

접속 : 동사의 ます형(연용형)에 온다.

- 彼(かれ)は急(きゅう)に歩(ある)き始(はじ)めた。
- 3月(がつ)になると桜(さくら)の花(はな)が咲(さ)き始(はじ)めます。

중요어휘

傑作宣言(けっさくせんげん) 걸작선언/유네스코가 인류의 구승 및 무형유산의 걸작을 칭송함과 동시에 정부와 지방자치단체의 보호를 장려할 목적으로 1998년에 채택

一風変(いっぷうか)わった 색다른

常軌(じょうき)を逸脱(いつだつ)した 상식을 벗어난

斬新(ざんしん)な 참신한

便宜(べんぎ)を与(あた)えられた 편의를 제공받았다

歌舞伎役者(かぶきやくしゃ)ら 가부키배우들

GHQ 제2차 세계대전 후 연합군이 일본 점령 중에 설치한 총사령부

払拭(ふっしょく) 불식

仇討(あだう)ち物(もの) 복수물

身分社会(みぶんしゃかい) 신분사회

肯定(こうてい)する 긍정하다

演目(えんもく) 상연목록

衰(おとろ)えた 쇠퇴했다

襲名(しゅうめい) 습명/계승

回復(かいふく)する 회복하다

독해문제

본문을 읽고 다음 질문에 답하세요.

1. 歌舞伎は、いつ重要無形文化財に指定されましたか。

2. 歌舞伎の元祖は何ですか。

3. 江戸時代に主に用いられた「かぶき」の漢字は何ですか。

4. 現在用いられる「かぶき」の表記は何ですか。

5. 江戸時代の歌舞伎役者らの身分は何でしたか。

6. 終戦後、GHQが禁止した演目は何でしたか。

7. 有名な歌舞伎名門を一つあげなさい。

8. 歌舞伎が人気を回復したのはいつからですか。

8.2 能

能は、日本の伝統芸能である能楽の一分野。江戸時代までは猿楽と呼ばれ、狂言とともに能楽と総称されるようになったのは明治維新後のことである。能は、継承されている演劇としては「世界最古」といわれる日本独自の舞台芸術である。能の主人公（シテ)はお面をつけて演技するのが特徴である。シテの相手役はワキと言う。

能は芝居のみならず、舞いや歌の要素ももつ音楽劇であり、オペラと対比されたりもする。能という語は、元々特定の芸能をさすものではなく、ストーリーのあるものを全般に指す語で、猿楽が盛んになるとともにほとんど猿楽の能の略称となった。また、能面をつけて演じるという点で、仮面劇だともいえる。「能楽」は、2008年にユネスコの無形文化遺産に登録された。

노가쿠

문형 & 표현

のみならず 뿐만 아니라

주로 문장체에서 쓰이는 말이다.

접속 : 명사에 온다.

- 彼女(かのじょ)は英語(えいご)のみならず、中国語(ちゅうごくご)までできる。
- このお店(みせ)は餃子(ぎょうざ)のみならずチャーハンも絶品(ぜっぴん)だ。

중요어휘

狂言(きょうげん) 교겐/익살스러운 내용의 희극으로 노 · 분라쿠 · 가부키와 더불어 일본의 4대 고전연극에 속한다.

芝居(しばい)のみならず 연극뿐만 아니라

オペラと対比(たいひ)されたりもする 오페라와 대비되기도 한다

元々(もともと) 원래

略称(りゃくしょう) 약칭

仮面劇(かめんげき) 가면극

독해문제

본문을 읽고 다음 질문에 답하세요.

1. 能は江戸時代までは何と呼ばれましたか。

2. 能の主人公は誰ですか。

3. シテの相手役は誰ですか。

4. 能面をつけて演じる特徴を持っているのは何ですか。

연습문제

1. 각각의 한자를 바르게 읽은 것을 고르세요.

〈 元祖 〉
1. かんそ 2. かんそう 3. がんそ 4. がんそう

〈 衣装 〉
1. いしょ 2. いしょう 3. いそ 4. いそう

〈 斬新 〉
1. さんしん 2. さんじん 3. ざんしん 4. ざんじん

〈 語源 〉
1. こけん 2. こげん 3. ごけん 4. ごげん

〈 興行 〉
1. こうきょう 2. こきょう 3. こうぎょ 4. こうぎょう

〈 余裕 〉
1. ようゆう 2. よゆ 3. よゆう 4. よよう

〈 演技 〉
1. えんき 2. えんぎ 3. えんぎい 4. えんし

〈 独自 〉
1. とくし 2. とくじ 3. どくし 4. どくじ

9과　무사도

9.1 武士

武士は、10世紀から19世紀にかけての日本に存在した、宗家の主人を頂点とした家族共同体の成員である。同義語として武者（むさ)があるが、「武士」に比べて戦闘員的ニュアンスが強い。

「武士」は性別を問う語ではなく、女性の武士が戦闘員的特徴を強くもつ場合に限って、女武者という呼び方をする。

武士は平安時代に発生し、その軍事力をもって貴族支配の社会を終わらせ、古代を終焉させた。貴族に従いながら段々力を大きくし、中世になると、自らが実質的に主導する中世社会を構築した。そして、近世の終わり(幕末)まで日本の歴史を牽引する中心的存在であり続けた。近代に入って武士という存在がなくなってからも、多くの武士は近代政府（明治政府)に参加した。

문형 & 표현

ます형 + ながら ~하면서

두 가지 동작이 동시에 이루어질 때 쓰인다.

접속 : 동사의 ます형에 온다.

- ラジオを聞きながら勉強します。
- テレビを見ながらお菓子を食べる。

ます형 + 続ける 계속 ~하다

동작이나 습관의 계속을 나타낸다.

접속 : 동사의 ます형에 온다.

- 私はこのかばんを10年以上も使い続けています。
- 努力し続けると、いつかきっと成功します。

중요어휘

宗家 종가	同義語 동의어	問う語 묻는 말
呼び方をする 호칭을 쓴다	従いながら 따르면서	限って 한하여
終焉させた 끝냈다	構築した 구축했다	牽引する 견인하다

독해문제

본문을 읽고 다음 질문에 답하세요.

1. 宗家の主人を頂点とした家族共同体の成員は誰ですか。

2. 武士は性別を問う語ですか。

3. 武士はいつ発生しましたか。

4. 武士はいつまで日本の歴史を牽引する中心的存在でしたか。

9.2 侍/さむらい

侍は、古代から中世にかけての日本における官人の身分呼称、あるいはそこから発展的に生じた武士の別名である。「伺候する」「従う」を意味する「さぶらう」に由来する。

「サムライ」は16世紀になって登場した比較的新しい語形であり、鎌倉時代から室町時代にかけては「サブライ」、平安時代には「サブラヒ」とそれぞれ発音されていた。「サブラヒ」は動詞「サブラフ」の連用形が名詞化したものである。その原義は、相手の様子をじっと窺うという意味であったが、奈良時代には、貴人の傍らに控えてその命令が下るのを待つという意味でも使用されていた。

사무라이

문형 & 표현

じっと　꼼짝 않고/지그시

몸이나 시선을 움직이지 않는 모양을 나타낸다.

· 私の顔をじっと見つめられた。

· 日曜日は家でじっとしている。

중요어휘

あるいは 혹은

従う 따르다/복종하다

じっと 꼼짝 않고

控えて 대기하여

身分呼称 신분호칭

原義 원뜻

窺う 살피다

伺候する 가까이에서 모시다

相手の様子 상대의 모습

傍ら 옆

독해문제

본문을 읽고 다음 질문에 답하세요.

1. 古代から中世にかけての日本における官人の身分呼称で、武士の別名は何ですか。

2. 侍の由来は何ですか。

3. 16世紀になって登場した比較的新しい語形は 何ですか。

4. 貴人の傍らに控えてその命令が下るのを待つという意味でも使用されたのはいつですか。

9.3 武士道

武士道は、日本の近世以降の封建社会における武士階級の倫理･道徳規範及び価値基準の根本をなす、体系化された思想一般をさし、広義には日本独自の常識的な考え方をさす。これといった厳密な定義は存在せず、時代は同じでも人により解釈は大きく異なる。一口に武士道といっても千差万別であり、全く異なる部分が見られる。

なお、この武士道、という言葉は、新渡戸稲造の著書『武士道』で広まったものであり、「武士道」という言葉は明治33年（1900年)以前のいかなる辞書にも載っておらず、実際には江戸時代には一般的な言葉ではなかった、という指摘もある。

니토베 이나조

9.3.1 新渡戸稲造とは

新渡戸は1862年、盛岡藩士の三男として生まれた。

キリスト教徒となって海外留学を経験し、新生日本の代表者として活躍した人物である。新渡戸稲造は1984年発行された五千円札で有名であるが、小さいときから「大平洋のかけ橋になりたい」という夢を持って、明治時代後半から第二次世界大戦の前にかけて活躍した。

9.3.2 新渡戸稲造の武士道

＜『武士道』序文＞

「1889年頃、ベルギーの法学者、ラヴレー氏の家で歓待を受けているときに宗教が話題になった。

ラヴレー氏に「あなたがたの学校には宗教教育というものがないのですか」と尋ねられ、ないと答えると「宗教なしで、いったいどのようにして子孫に道徳教育を授けるのですか」と繰り返された。

私はその質問に愕然とし、即答できなかった。

新渡戸はその問いの答えとして、約10年後に「武士道という道徳教育」に行き着いたのである。新渡戸の武士道には義·勇·仁·礼·誠·名誉·忠義という7つの徳がある。

その中でも特に大事なものは、義と勇であり、周りに流されずに正義を守る勇気を持つ者こそが、真の武士だと記している。

そして武士が目指すべき究極の目標として、「忠義」をあげており、忠義を守ることによって名誉を得ることが、武士の到達点だと言っている。

つまり武士にとって、忠義とは他人から強制されるものではなく、自己実現のあり方なのであり、「武士道こそ道徳精神だ！」と世界に発信したのが『武士道』なのである。

個人主義ではなく忠義を重んじ、主君、国家、社会を個より上位に置く思想は、現在の日本人が忘れた尊い精神なのである。

막부말의 무사/1864년 촬영

문형 & 표현

~といっても ~라고 해도

접속 : 동사 보통형
イ형용사 보통형
ナ형용사 보통형
명사だ
} + といっても

· 日本語(にほんご)ができるといっても、読(よ)んだり、書(か)いたりはできない。

· 赤(あか)いといっても、あまり甘(あま)くない。

· 静(しず)かだといっても、私(わたし)にはうるさい。

· 先生(せんせい)だといっても、すべて分(わ)かるとは言(い)えない。

중요어휘

封建社会(ほうけんしゃかい) 봉건사회	倫理(りんり) 윤리	広義(こうぎ) 광의
厳密(げんみつ)な 엄밀한	異(こと)なる 다르다	千差万別(せんさばんべつ) 천차만별
指摘(してき) 지적	盛岡藩士(もりおかはんし) 모리오카번(藩)의 무사	
いかなる 어떠한	かけ橋(はし) 가교	歓待(かんたい) 환대
尋(たず)ねられ 질문 받고	授(さず)ける 가르쳐주다	繰(く)り返(かえ)された 되풀이했다
愕然(がくぜん)とし 몹시 놀라서	即答(そくとう)できなかった 즉시 답을 할 수 없었다	
行(い)き着(つ)いたのである 도달한 것이다	究極(きゅうきょく)の目標(もくひょう) 궁극적인 목표	到達点(とうたつてん) 도달점
重(おも)んじる 중요시하다	忘(わす)れた 잊은	尊(とうと)い 숭고한

독해문제

본문을 읽고 다음 질문에 답하세요.

1. 「武士道(ぶしどう)」という言葉(ことば)は、何(なに)で広(ひろ)まりましたか。

2. 『武士道(ぶしどう)』を書(か)いた人(ひと)は誰(だれ)ですか。

3. ラヴレー氏(し)のどの問(と)いに答(こた)えて『武士道(ぶしどう)』は書(か)かれましたか。

4. 「武士道(ぶしどう)」という言葉(ことば)は1900年以前(ねんいぜん)にもありましたか。

5. 武士(ぶし)が目指(めざ)すべき究極(きゅうきょく)の目標(もくひょう)は何(なん)ですか。

연습문제

1. 각각의 한자를 바르게 읽은 것을 고르세요.

〈 武士 〉
1. ふし　2. ぶし　3. むし　4. むしゃ

〈 牽引 〉
1. けいん　2. げいん　3. けんいん　4. げんいん

〈 侍 〉
1. さむらい　2. てら　3. さぶらい　4. まつ

〈 身分 〉
1. しんふん　2. しんぶん　3. みふん　4. みぶん

〈 呼称 〉
1. こうしょう　2. こうそう　3. こしょう　4. こうじょう

〈 原義 〉
1. けんい　2. けんぎ　3. げんき　4. げんぎ

〈 倫理 〉
1. りんい　2. りんり　3. ろんい　4. ろんり

〈 即答 〉
1. そくと　2. そくとう　3. そっと　4. そっとう

10. 일본의 마츠리

10.1 日本の祭りとは

　みんなで踊ったり、おいしいものを食べたり、美しい風景を眺めたり、娯楽行事として定着している日本の祭りであるが、大昔は神様を祀る神聖な行事だった。
　祭りは、感謝や祈り、慰霊のために神仏および祖先をまつる儀式である。

　「まつり」という言葉は「祀る」の名詞形で、本来は神を祀ること、またはその儀式を指すものである。この意味では、個人がそういった儀式に参加することも「まつり」である。
　日本の祭りは、神道系に分類されるものが多いが、民間信仰色の強いものも多く、道教や仏教などの影響を受けているものも多い。

문형 & 표현

そういった　그러한

· そういった点(てん)につきましては、お答(こた)えできません。

· そういったスカートはちょっと困(こま)りますね。

중요어휘

眺(なが)めたり 바라보거나
神聖(しんせい)な 신성한
および 및
そういった 그러한
娯楽行事(ごらくぎょうじ) 오락행사
慰霊(いれい)のために 위령을 위해
祖先(そせん) 조상
民間信仰色(みんかんしんこうしょく) 민간신앙색채
祀(まつ)る 제사지내는
神仏(しんぶつ) 신불/신도와 불교
本来(ほんらい)は 원래는

독해문제

본문을 읽고 다음 질문에 답하세요.

1. 大昔は神様を祀る神聖な行事だったのは何ですか。

2. 「まつり」という言葉は何の名詞形ですか。

3. 祭りは何の儀式ですか。

4. 日本の祭りは、どこから一番影響を受けていますか。

10.2 日本の祭りの歴史

日本の祭りはもともと、神様へ感謝するためのもの、神様に祈りを捧げて人々の声を届けるための方法のひとつだった。

古代においては神様に対して、五穀豊穣や平和を願い、厄災が訪れた際にはその退散を願い、うれしいことがあればそれを感謝する、そういった信仰の形態のひとつが祭りだったのである。祭りの種類や祭事は国や信仰によって大きく異るが、祭事の中には国固有の伝統芸能や祭事という形で世界中に伝えられている文化もたくさんあり、日本の盆踊りや相撲などもそのひとつだった。

江戸時代になると宗教性は薄れ、娯楽として庶民を中心に人気を得るようになる。人々を熱狂させたのは、神輿や山車、獅子舞、花火といった派手な演出である。日本の祭りは大衆文化として開花したのである。

ところが明治時代、日本の祭りは衰退の道をたどることになる。政府が「神仏分離令」により仏教行事を禁止すると、仏教から生じた多くの祭りが消滅してしまう。明治時代は、日本の祭りにとって暗黒期と言える。

暗黒期から抜け出せたのが終戦後である。この時は、消滅した日本の祭りを復興させようとする動きが起こる。戦後の人々は日本の祭りを平和の象徴として好み、家族や友人と連れ立って参加するようになった。

마츠리

문형 & 표현

~ば ~면

가정의 뜻으로 쓰인다.

접속 : 가정형에 온다.
동사 어미를 エ단으로 바꾸어 ば를 붙이고 な형용사와 명사는 ならば를 붙인다. い형용사는 ければ가 된다. な형용사와 명사의 경우는 ば를 생략하기도 한다.

동사	エ	ば
な형용사/명사	なら	
い형용사는	けれ	

. 暇(ひま)ができれば行(い)きます。

. 雨(あめ)なら中止(ちゅうし)します。

. ボタンを押(お)せば戸(と)が開(ひら)きます。

. 静(しず)かなら行(い)きたいです。

. おいしければ食(た)べます。

う·よう ~하자/~하겠다

동사의 의지형이라고 한다. 말하는 사람의 의지나 권유를 나타낼 때 쓰인다.

접속 : 1그룹동사 어미를 お단으로 바꾸어 う를 붙인다.
2그룹동사 어미 る를 떼고 よう를 붙인다.
3그룹동사 来(く)る는 来(こ)よう する는 しよう이다.

· みんなで頑張(がんば)ろう！
· 12時(じ)だ。もう寝(ね)よう。
· 今年(ことし)は絶対(ぜったい)合格(ごうかく)しよう！
· 明日(あした)は早(はや)く来(こ)よう。

중요어휘

捧(ささ)げる 바치다	届(とど)ける 전달하다	神様(かみさま)に対(たい)して 신에게
五穀豊穣(ごこくほうじょう) 오곡풍양/곡식의 풍년	厄災(やくさい) 재액	訪(おとず)れる 찾아오다
際(さい)には 때에는	退散(たいさん) 퇴산/피해서 달아남	嬉(うれ)しい 기쁘다
祭事(さいじ) 제사	盆踊(ぼんおど)り 봉오도리/음력 7월 15일 밤에 남녀가 함께 모여 추는 춤	
相撲(すもう) 씨름	薄(うす)れる 엷어지다	娯楽(ごらく) 오락
庶民(しょみん) 서민	神輿(みこし) 미코시/위폐를 모신 가마	山車(だし) 수레
獅子舞(ししまい) 사자춤	花火(はなび) 불꽃놀이	派手(はで)な 화려한
演出(えんしゅつ) 연출	衰退(すいたい) 쇠퇴	神仏分離令(しんぶつぶんりれい) 신불 분리령
禁止(きんし)すると 금지하자	消滅(しょうめつ)してしまう 소멸해 버린다	暗黒期(あんこくき) 암흑기
復興(ふっこう)させようとする 부흥시키려고 하는		動(うご)き 움직임
象徴(しょうちょう) 상징	好(この)み 즐겨하고	連(つ)れ立(た)って 함께

독해문제

본문을 읽고 다음 질문에 답하세요.

1. 神様に人々の声を届けるための方法のひとつは何ですか。

2. 日本の盆踊りや相撲なども祭事の中に入りますか。

3. 祭りの宗教性は薄れ、娯楽として庶民を中心に人気を得るようになったのはいつですか。

4. 政府が「神仏分離令」により仏教行事を禁止したのはいつですか。

5. 日本の祭りにとって暗黒期はいつですか。

6. 暗黒期から抜け出せたのはいつですか。

연습문제

1. 각각의 한자를 바르게 읽은 것을 고르세요.

〈 定着 〉
1. ていぎ　2. ていじゃく　3. ていちゃく　4. てちゃく

〈 分類 〉
1. ふんる　2. ふんるい　3. ぶんる　4. ぶんるい

〈 道教 〉
1. ときょう　2. とうきょう　3. どうきょ　4. どうきょう

〈 影響 〉
1. えいきょう　2. えいきょ　3. えいぎょう　4. えぎょ

〈 方法 〉
1. ほうほ　2. ほうほう　3. ほうぼ　4. ほうぼう

〈 厄災 〉
1. やくさい　2. やくざい　3. やっさい　4. やっざい

〈 相撲 〉
1. すうも　2. すうもう　3. すも　4. すもう

〈 消滅 〉
1. しょうまつ　2. しょうめつ　3. しょまつ　4. しょめつ

11과 신도

11.1 日本の神道

神道とは、日本の民俗宗教である。日本に古来から伝わっていた八百万の神様への信仰に、仏教、道教、儒教などが影響して展開した宗教である。日本独特のもので、一つの神様だけを信じる信仰とは異なる。

伝統的な信仰や儀礼を神道として認識するようになったのは、仏教伝来があったからとも考えられている。古くは神仏習合という風に、神道と仏教は区別されずに、神道の神様も仏教の神様も、たくさんいる神様の中の一つという考え方をしてきた。

도리이

문형 & 표현

~という風に ~과 같이/ ~처럼

무언가를 설명하거나 보여주거나 할 때 자주 쓰인다.

- 助けてという風に彼の方を見た。
- 私はよく「無理して明るくしてる」という風に勘違いされます。

중요어휘

神道 신도	古来から 예로부터	八百万の神様 많은 신
異なる 다르다	儀礼 의례	認識する 인식하다
仏教伝来 불교전래	区別 구별	

神仏習合 신불습합/신도와 불교신앙이 융합하여 하나의 신앙체계로서 재구성된 종교현상

독해문제

본문을 읽고 다음 질문에 답하세요.

1. 神道は、日本の民俗宗教ですか。

2. 神道に影響を与えたものには何がありますか。

3. 伝統的な信仰や儀礼を神道として認識するようになったのはなぜですか。

4. 「神道の神様も仏教の神様も、たくさんいる神様の中の一つ」という考え方を表す漢字4文字を答えなさい。

11.2 神道とは

神道には教義や教典の代わりに、古事記、日本書紀といった古典が神典とされている。自然の中に神が宿ると考え、祖霊をまつり、祭祀を行う。教祖も教えも教典も特にないのである。

自然や祖霊、死者への畏敬の念を根幹とした信仰で、神様は地域社会を守り、恵みを与える守護神であると同時に、天変地異や病を招きよせ、祟りをもたらすとして怖れられてもいた。

神道では、人は亡くなると神になるとされているため、社会に貢献した人や、社会的に突出した人物は、死後神社に神様として祀られることもある。死んだ人や動物の霊魂が、宮を作って祭るとそこに鎮座して、生きている人に幸福や不幸を与える力があると信じるのである。

문형 & 표현

~であると同時(どうじ)に ~임과 동시에

A임과 동시에 B라는 뜻으로 쓰인다.

- 山田(やまだ)さんは会社(かいしゃ)の社長(しゃちょう)であると同時(どうじ)に大学(だいがく)の教授(きょうじゅ)でもある。
- この方式(ほうしき)は、シンプルであると同時(どうじ)に高機能(こうきのう)でもあります。
- 彼女(かのじょ)は科学者(かがくしゃ)であると同時(どうじ)に音楽家(おんがくか)でもある。

중요어휘

- 教典(きょうてん) 법전
- 祖霊(それい) 조상의 혼령
- 特(とく)に 특별히
- 恵(めぐ)みを与(あた)える 은혜를 베푸는
- 祟(たた)り 재앙
- 突出(とっしゅつ)した 뛰어난
- 宮(みや)を作(つく)って祭(まつ)ると 신사를 만들어 모시면
- 幸福(こうふく) 행복
- 神典(しんてん) 신전/신에 관해 적은 책
- まつり 제사지내고
- 畏敬(いけい)の念(ねん) 경외하는 마음
- 守護神(しゅごしん) 수호신
- 怖(おそ)れられてもいた 두려워하고도 있었다
- 祀(まつ)られる 모셔지다
- 不幸(ふこう) 불행
- 宿(やど)る 머물다
- 祭祀(さいし) 제사
- 根幹(こんかん) 근간
- 天変地異(てんぺんちい) 천재지변
- 貢献(こうけん) 공헌
- 霊魂(れいこん) 영혼
- 鎮座(ちんざ)して 머물러

독해문제

본문을 읽고 다음 질문에 답하세요.

1. 教祖(きょうそ)も教(おし)えも教典(きょうてん)も特(とく)にないのは何(なん)ですか。

2. 自然(しぜん)や祖霊(それい)、死者(ししゃ)への畏敬(いけい)の念(ねん)を根幹(こんかん)とした信仰(しんこう)は何(なん)ですか。

3. 人(ひと)は亡(な)くなると神(かみ)になると信(しん)じているのはどの宗教(しゅうきょう)ですか。

4. 神道(しんとう)では社会(しゃかい)に貢献(こうけん)した人(ひと)も神様(かみさま)になることができますか。

11.3 神道の歴史

縄文時代の頃には、日本では山や森、火や水、岩や大木、動物など、天地自然のさまざまなものを神として祭っていた。弥生時代になると、集落ができ始める。その頃に、その集落の指導的な有力者の霊魂を祭り始めたといわれる。

それがだんだん大きくなり、紀元前100年頃には、小国ができてくると、その小国の指導者が祭られ始める。つまり政治家が神となり始めたのである。

やがて3世紀頃に大和朝廷が現れる。その指導者はもともと、大物主神や大国主神を祭っていたが、それを征服した国の指導者にも勧めて広める。

6世紀の継体天皇の時に、ほぼ関東から九州まで支配下におさめる。

そこで、大和朝廷の王を日本で唯一の王とするために、新しい信仰を作った。それが、現在の神道に通ずる、天照大神を、天皇の先祖とする信仰である。そして、今までの天地自然や指導者などのたくさんの神々は、天照大神に従う神とされた。このように大和朝廷は、宗教を活用して当時の人々を支配したのである。

こうして、教祖も教典もなく、日本人にしか信じられない色々な神を崇拝する民俗宗教ができたのである。

문형 & 표현

~しか ~ない ~밖에 ~않는다

명사나 명사+조사에 붙어 사물이 한정적인 것을 나타낸다. 강조할 때는 ~だけしか~ない를 쓴다.

접속 : 명사(+ 조사) + しか~ない

- 簡単(かんたん)な英語(えいご)しか話(はな)せない。
- 雑誌(ざっし)でしか見(み)たことがない。
- 彼(かれ)は文句(もんく)しか言(い)わない。

중요어휘

霊魂(れいこん) 영혼
集落(しゅうらく) 부락
大和朝廷(やまとちょうてい) 야마토조정/일본에서 최초로 고대국가의 체제를 갖춘 나라
大物主神(おおものぬしのかみ) 오오모노누시노카미/일본의 신
征服(せいふく) 정복
大国主神(おおくにぬしのかみ) 오오쿠니누시노카미/일본의 신
勧(すす)めて広(ひろ)める 권해서 보급시키다
通(つう)ずる 통하는
神々(かみがみ) 신들
崇拝(すうはい)する 숭배하다
日本人(にほんじん)にしか信(しん)じられない 일본인만 믿을 수 있는

독해문제

본문을 읽고 다음 질문에 답하세요.

1. 縄文時代の頃には、日本では何を神として祭っていましたか。

2. 集落の指導的な有力者の霊魂を祭り始めたのはいつですか。

3. 現在の神道に通ずる、天照大神を天皇の先祖とする信仰は、いつ生まれましたか。

4. 教祖も教典もなく、日本人にしか信じられない色々な神を崇拝する民俗宗教は何ですか。

연습문제

1. 각각의 한자를 바르게 읽은 것을 고르세요.

〈 八百万 〉
1. やうよらず　2. やおよらず　3. やおよろす　4. やおよろず

〈 宗教 〉
1. しゅうきょ　2. しゅきょ　3. しゅうきょう　4. じゅきょう

〈 区別 〉
1. くうべつ　2. くへつ　3. くべつ　4. ぐべつ

〈 教典 〉
1. きょうてん　2. きょうでん　3. きょてん　4. きょでん

〈 病 〉
1. びょ　2. やま　3. やまい　4. やまう

〈 幸福 〉
1. こうふく　2. こふく　3. こうぶく　4. こぶく

〈 動物 〉
1. とうぶつ　2. どうぶつ　3. とぶつ　4. どぶつ

〈 指導者 〉
1. しどうしゃ　2. しどしゃ　3. しどじゃ　4. しどうじゃ

12과 일본의 전통정원

日本庭園は日本の伝統文化のひとつであり、古くから日々の暮らしのなかに息づき、日本的な精神が根付いた非常に奥深いものである。世代を超えて継承されてきた日本庭園という文化の世界観や規範を知ることで、その深い魅力やこだわりを感じることができる。

중요어휘

息づき 숨쉬고	根付いた 뿌리내린	非常に 매우
奥深い 심오하다	こだわり 애착/심혈을 기울임	

12.1 飛鳥時代~奈良時代

今から約1400年前の飛鳥時代に、朝鮮半島の百済から日本に初めて庭園の技術が伝えられた。しかし、この時代の庭園は真四角の池に石像を置いて水を流すもので、ほとんど「日本庭園」らしさを感じられないものだった。

奈良時代（710年)に平城京が造られ、このとき都の計画に合わせて大規模な庭園が造られることになった。この庭園は、自然の形をした池を造り、そこに川や滝を再現しており、石をありのままの形で用いた。「日本庭園」らしさが誕生するのは、この時代からになる。

중요어휘

百済 백제	真四角 정사각형	池 연못
石像 석상	滝 폭포	ありのままの形 있는 그대로의 모습

문형 & 표현

ありのまま 있는 그대로

· ありのままの真実(しんじつ)が知(し)りたい。

· ありのままを言(い)ってください。

12.2 平安時代一平安貴族の庭園

平安時代にも庭園がさかんに造られた。都から離れた土地で山々の景色を生かした広い庭園を造ることが、天皇や上皇、そして貴族たちの間で流行するようになったのである。

この時代の庭園は外からのお客さんに見せるための役割が強く、貴族たちは儀式を行ったり、あるいは池に船を浮べて社交の場としたりしていた。

これらの庭園は、入口を抜けてすぐに池を中心とした庭が周囲の風景とともに目に入る。

また、平安時代の末期には、浄土思想という仏教の教えが流行した。美しいあの世の姿を庭園として再現しようとしたのが浄土庭園と呼ばれるものである。

정토정원

문형 & 표현

抜(ぬ)ける 빠져나가다

이 과에서는「그곳을 지나서 다른 쪽으로 빠져나가다/ 한쪽에서 다른 쪽을 통해서 지나가다」라는 뜻으로 쓰였다. 抜(ぬ)ける는「머리카락이 빠지다·바람이 빠지다」와 같이「빠지다」로 쓰이기도 한다.

- トンネルを抜(ぬ)ける。
- 打球(だきゅう)が右中間(うちゅうかん)を抜(ぬ)ける。
- 髪(かみ)の毛(け)が抜(ぬ)ける。
- タイヤの空気(くうき)が抜(ぬ)ける。

중요어휘

- さかんに 활발하게
- 生(い)かした 살린
- 浮(うか)べて 띄워서
- 離(はな)れた 떨어진
- 上皇(じょうこう) 상황
- 社交(しゃこう)の場(ば) 사교장
- 目(め)に入(はい)る 눈에 들어온다
- 景色(けしき) 경치
- 役割(やくわり) 역할
- 入口(いりぐち)を抜(ぬ)けて 입구를 지나서/입구를 빠져나가서
- 末期(まっき) 말기
- 浄土思想(じょうどしそう) 정토사상/극락정토에 가서 새로운 삶을 산다는 사상

12.3 鎌倉時代~室町時代ー禅と庭園

鎌倉時代から室町時代は、貴族に代わって武士が大きな力を持つようになると、これまでとはまた違う形式の庭園が成立した。武士たちの間で流行したのは、中国大陸から新たに伝わった禅の思想だった。

庭園は禅の修行の場としても用いられるので、非常にプライベートな性格を持つ。そして、これまでの水を重視した庭園とは違い、石や砂だけを用いて水の流れを表現した枯山水という形式が普及していった。

가레산스이

독해문제

~に代(か)わって ~를 대신하여

を代(か)わって가 아니므로 주의하자.

· 相澤先生(あいざわせんせい)に代(か)わって任先生(イムせんせい)が授業(じゅぎょう)をします。

· 彼(かれ)に代(か)わる人物(じんぶつ)はどこを探(さが)してもいません。

중요어휘

貴族(きぞく)に代(か)わって 귀족을 대신하여　禅(ぜん)の思想(しそう) 선사상　修行(しゅぎょう)の場(ば) 수행 장소

砂(すな) 모래　枯山水(かれさんすい) 고산수/ 물을 사용하지 않고 돌을 쌓아 폭포수를 나타내고, 흰 모래를 깔아 물을, 바위로 산을 나타낸다

普及(ふきゅう) 보급

12.4 安土桃山時代一茶と庭園

お茶を楽しむ喫茶の文化は古くから広まっていたが、ほとんどは武家の手による格式ばったものだった。一方、安土桃山時代に千利休が大成した侘茶は、町人を中心に広まったもので、庶民の住宅をまねた草庵でお茶がたてられる。

ここで新しく登場したのが、実際にお茶をたてる茶室への通路となる、茶庭(露地ともよぶ)とよばれる空間である。

茶庭はお茶をたてるために必要なものを備えた、とても実用的な庭園だ。人が歩く道には石を飛び飛びに置き、茶室へ入る前に手が洗えるようにつくばいを置いている。しかしそれだけではなく、「浮世の外の道」として、現実世界から離れた茶の世界をつくり出すために、山里の雰囲気を演出する仕掛けが施されているのである。

츠쿠바이

문형 & 표현

~も　ので ~이기 때문에

원인이나 이유를 나타낸다.

접속 : 동사·형용사의 보통형 + もので
명사·な형용사 + なもので

- 学生なものでお金がありません。
- きれいなものでつい買ってしまいました。
- 走ってきたもので、息がきれる。
- 時間がないもので、失礼する。

중요어휘

楽しむ 즐기다
格式ばった 격식을 차린
茶庭 다정/다실에 딸린 정원
千利休 센리큐/ 다도의 대성자로, 일본의 다도를 정립하였다
つくばい 츠쿠바이/손을 씻는 물그릇
お茶をたてる 차를 끓이다
侘茶 와비차/ 주인과 손님이 서로 화목하고 존중하며 다실의 비품이나 다과회의 분위기를 청정하게 한다는 뜻
飛び飛びに 드문드문
つくり出すために 만들어내기 위해서
浮世の外の道 속세와 다른 길
仕掛けが施されているのである 장치가 되어 있는 것이다

12.5 江戸時代ー大名の庭園

江戸時代に入ると、これまでに流行してきた庭園の形式をまとめて取り入れた、新しい庭園のかたちが登場する。

平安貴族が愛した池と景色を鑑賞する庭園、武家で流行した禅の思想を取り入れた枯山水、町人のための都会を忘れさせてくれる茶庭の特徴、それらを融合した回遊式庭園が成立した。

回遊式庭園には、通路や外の景色、池からの眺めや水の流れる音など、庭園のあらゆるものに意味が込められている。そのため教養を持った貴族や大名たちにとても好まれていた。また、庶民の間でも庭園めぐりが流行し、一般の人々が楽しめるよう開放された庭園も造られるようになった。

회유식 정원

문형 & 표현

~と ~면

~と는 조건을 나타내며, 어떤 일이 일어나면 그로 인해 어떤 결과가 생긴다는 뜻으로 쓰인다.

접속 : ~と는 보통형에 오며 과거형에는 오지 않는다.

- 雨(あめ)が降(ふ)ると、雪(ゆき)が解(と)けます。
- 父(ちち)は毎朝(まいあさ)起(お)きると、新聞(しんぶん)を読(よ)みます。
- このボタンを押(お)すと、ドアが開(ひら)きます。

중요어휘

まとめて 합쳐서/한데 모아	取(と)り入(い)れた 도입한	登場(とうじょう)する 등장한다
愛(あい)した 사랑한	鑑賞(かんしょう)する 감상하다	町人(ちょうにん) 상인
融合(ゆうごう)した 융합한	回遊式庭園(かいゆうしきていえん) 회유식 정원/돌아다니면서 감상하는 정원	
通路(つうろ) 통로	眺(なが)め 조망	あらゆる 모든
込(こ)められている 내포되어 있다	教養(きょうよう) 교양	庶民(しょみん) 서민
観光(かんこう)する 관광하다	庭園(ていえん)めぐり 정원 순회	一般(いっぱん)の人々(ひとびと) 일반 사람들

연습문제

1. 각각의 한자를 바르게 읽은 것을 고르세요.

〈 非常に 〉
1. ひじょうに　2. ひじょに　3. ひじょおに　4. ひじおに

〈 世代 〉
1. せいたい　2. せいだい　3. せたい　4. せだい

〈 魅力 〉
1. みりょうく　2. みりょく　3. みりょう　4. みろく

〈 百済 〉
1. くたら　2. くだら　3. ぐたら　4. ぐだら

〈 石像 〉
1. いしぞう　2. せきそう　3. せきじょう　4. せきぞう

〈 景色 〉
1. きょうしき　2. けしき　3. げしき　4. けしょく

〈 融合 〉
1. ゆご　2. ゆうご　3. ゆうこう　4. ゆうごう

〈 重視 〉
1. しゅし　2. しゅうし　3. じゅし　4. じゅうし

이시윤 (舊名 李一淑)

・일본 오차노미즈여자대학 석사 및 박사
・현재 성결대학교 동아시아 물류학부 교수

저서

・포인트일본문학사
・일본고전문학감상
・일고전문법
・기초일본어
・레벨업 일본어 외 다수

일본 전통문화의 이해

초판 1쇄 발행 _ 2020년 9월 1일

저 자・이 시 윤
발행인・정 현 걸
발 행・신 아 사
인 쇄・대명프린팅
주 소・서울특별시 은평구 통일로 59길 4 (2층)
전 화・(02) 382-6411 팩스・(02) 382-6401
홈페이지・www.shinasa.co.kr
E-mail・shinasa@daum.net
출판등록・1956년 1월 5일 (제 9-52호)

ISBN 978-89-8396-396-3 (93730)

정가 13,000원